学习美术准备作品图

1-1 花雨伞

2-1 爱吐泡的小鱼

2-2 快快长大的小种子

3-1 打电话

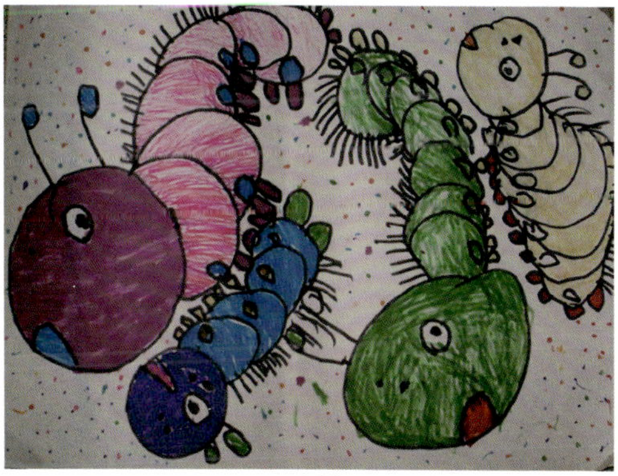
3-2 可爱的毛毛虫

4-1 大狮子的长头发

4-2 出壳的鸡宝宝

5-1 美丽的彩霞

5-2 月亮城堡

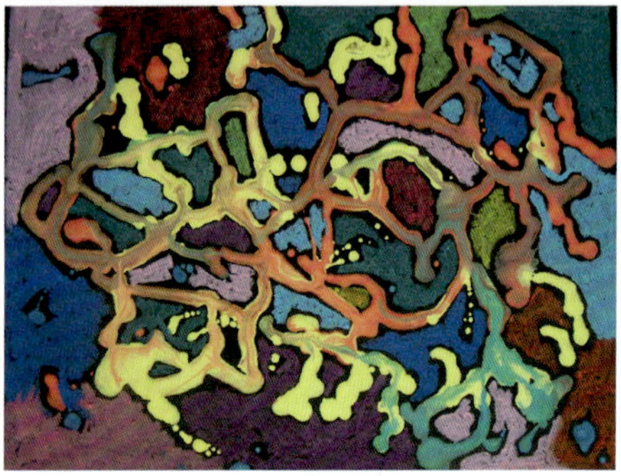

7-2 看看像什么

6-1 花瓶和花

6-2 大狮子的长头发

7-1 窗外的风景

8-1 蚂蚁洞

8-2 坏脾气的风爷爷

9-2 夜晚的村庄

10-1 穿花衣的小螃蟹

10-2 我给小鱼穿花衣

11-2 撕贴鸵鸟

12-2 好朋友

13-1 稻草人

14-1 灰姑娘的城堡

12-1 树

15-2 猫头鹰

14-2 仙人掌

15-1 下雪了

16-1 帆船比赛

16-2 节日的礼花

依据《幼儿园教育指导纲要（试行）》和《3-6岁儿童学习与发展指南》编写

YOUER RUXUE ZHUNBEI KECHENG
JIAOSHI JIAOXUE YONGSHU SHANGCE

幼儿入学准备课程

教师教学用书

（上册）

徐　明◎主编
吕国瑶　袁　静◎副主编

扫码看资源

北京师范大学出版集团
BEIJING NORMAL UNIVERSITY PUBLISHING GROUP
北京师范大学出版社

图书在版编目（CIP）数据

幼儿入学准备课程·教师教学用书．上册/徐明主编．—北京：北京师范大学出版社，2018.9
ISBN 978-7-303-24083-8

Ⅰ．①幼…　Ⅱ．①徐…　Ⅲ．①学前教育—教学参考资料
Ⅳ．①G613

中国版本图书馆 CIP 数据核字（2018）第 183644 号

营销中心电话　010—58802796　58802814　58807669

出版发行：北京师范大学出版社　www.bnupg.com
北京市海淀区新街口外大街 19 号
邮政编码：100875
印　　刷：北京盛通印刷股份有限公司
经　　销：全国新华书店
开　　本：730 mm×980 mm　1/16
印　　张：10.75
字　　数：180 千字
版　　次：2018 年 9 月第 1 版
印　　次：2018 年 9 月第 1 次印刷
定　　价：32.00 元

策划编辑：于小清　　　　责任编辑：于小清
美术编辑：袁　麟　　　　装帧设计：尚世视觉
责任校对：段立超　陈　民　　　　责任印制：乔　宇

编写和使用说明

每一名幼儿到了入小学的年龄，进入与幼儿阶段以游戏为基本活动完全不同的下一个学段，进行系统化的知识学习，最后都要迈进小学的门槛。幼儿园学段和小学学段不论作息时间、学习内容、学习进度、学习难度、自己的体力支出、教师和家长的期待等方面，都完全不同。幼儿面临着“爬坡”，面临着巨大挑战，他们经历着真正的考验。幼儿是否能够顺利爬上高坡，是否能自如地应对挑战，对他们以后的人生之路有重要影响。

作为幼教工作者，我们深知自己的责任和任务。一方面，我们要减缓幼儿面临的坡度；另一方面，要增强幼儿爬坡的能力和智慧，要让他们具备与小学学科学习相对应的各方面心理能力，做好相应的准备。

深入比较小学的学习科目后我们看到，幼儿入小学后，对他们来说坡度最大的科目第一是语文，第二是数学，其他科目都可以在幼儿园的教学中找到它的“初始阶段”，如小学的音乐课、体育课、美术课、道德与法治课等，有的科目幼儿园直接有这些课程，有的科目名称虽有不同，但实际内容差不多。唯有语文课，它的形态和内容是幼儿园完全没有的。数学课虽然幼儿园有数学教学部分，但其内容和幼儿园讲的内容以及教师对学生的要求均有很大差别。语文课和数学课，课时多、学习内容量大、进度快，对学生构成了主要挑战。

除了学习方面的挑战之外，幼儿从幼儿园进入小学还面临着社会性方面的诸多不适，他们会进入一个完全陌生的物质环境、人际环境和规则环境，这也需要幼儿付出心智去学习和适应。

我们在编写本套幼儿入学准备课程时，有针对性地设计了学习语文准备、学习数学准备、学习科学准备、社会适应准备、学习美术准备、前书写练习六个科目，其中学习语文准备、学习美术准备、前书写练习是为学习语文做准备，学习数学准备是为学习数学和科学做准备，社会适应准备是为社会适应做准备。

学习愿望和能力是最影响学习效果的两个重要方面。在激发和保持学习愿望方面，我们坚持教学内容难易度适中，符合幼儿思维水平和认知能力，让幼儿在学习过程中有成功感、胜任感、自信心。本套课程的重点是能力培养和锻炼。在学习语文准备方面，我们主要引导幼儿在语音听辨、发音准确、语言理解、语言概括、各类词汇运用、记忆、推理、逻辑化讲述、眼手协调、控笔能力、左右方位辨别等方面进行能力培养和锻炼，它们对小学生准确读出拼音和汉字、记忆字形、理解词意和课文、背诵课文、造句、写字等都有帮助。在学习数学准备方面，我们主要引导幼儿在数数、比较、排序、分类、统计、数的分解、等分、整体与部分的关系、守恒等方面进行能力培养和锻炼，它们对小学生理解数量之间的关系、学习加减法、思维灵活等都有帮助。在社会适应准备方面，我们主要引导幼儿在人际交往、规则意识、任务意识、生活自理、心理健康等方面进行能力培养和提示，它们对小学生尽快熟悉同学、尽快建立起小学生常规、有完成学习任务的意识和能力、能够自我照顾等都有帮助。

编写时，考虑到一般幼儿园每个学期的时间长度大约为 4 个月(上学期为 9—12 月，下学期为 3—6 月)，即 16 周，所以，每个学科安排了 16 周的内容，其中学习语文准备、学习数学准备、学习科学准备、学习美术准备每周两课时，社会适应准备、前书写练习每周一课时。教师可按照每周 10 节课，每天 2 节课执行。本书目录和标题中的“1-1”、“1-2”表示“第一周第一课”“第一周第二课”。但这是我们的大致设计，教师使用时可以按照实际情况和自己班级的需要进行调整，不必拘泥。

使用时，教师应提前熟悉教学内容，并且提前做好相应的准备，尤其是有些内容需要结合幼儿的感知经验、已有知识进行，教师更应提前做好工作。如讲“动词”一课之前，教师可在和幼儿互动时，提醒他们注意有哪些词是说动作的；在讲“找相同音”一课之前，教师可提醒幼儿找一找相同的语音等。

由于篇幅所限，我们在这里编出了幼儿入小学前应做的各方面基本准备，但是，不可能穷尽其内容，教师可以沿着本书的思路，根据实际需要，在每周 2 节课之外，再多给幼儿讲些故事，多玩一些其他游戏，在充实幼儿在园生活的同时，增强他们的各种能力。只要不提前教小学的知识，不教古文、古诗等幼儿不易理解的内容，都是可以的。

本套书为了更好地与小学生学习衔接，采用了分科教学的形式，没有采用幼儿园比较常用的主题活动形式。在实际工作中，教师仍然需要重视幼儿的生活活动、活动区活动和户外活动，以保证幼儿从更多的渠道获得学习和发展。

目 录

学习语文准备

1-1　讲童话：《青虫变身记》

目标

1. 了解青虫变身到蝴蝶的生长过程。

2. 知道美好的事物要经过努力才能获得。

准备

1. 教师通过课前给幼儿提供图书等途径，引导幼儿了解蝴蝶的生长过程。

2. 幼儿每人一本《幼儿入学准备课程——幼儿用书上册，学习语文准备》(以下简称《学习语文准备》分册)。

过程

1. 教师让幼儿打开《学习语文准备》分册第 2 页和第 3 页，自主阅读童话故事《青虫变身记》。

2. 教师分别请两名幼儿讲一讲这个童话故事。

3. 教师让幼儿一边看着画面，一边给他们读本教案后附录《青虫变身记》。

4. 教师给幼儿讲解“五颜六色”“千辛万苦”的含义。

5. 教师让幼儿尝试用其中一个词说一句话并给予鼓励。

6. 教师再一次让幼儿一边看着画面，一边给他们读本教案后附录《青虫变身记》。

7. 教师和幼儿讨论自己有没有很努力地做过什么事情，努力之后取得什么效果。

附

青虫变身记

花园里，开着五颜六色的花儿，漂亮极了。小动物们都喜欢来花园玩。金色的阳光下，草坪上传来小动物们欢快的笑声。

一只青虫静静地趴在一片叶子背面，悄悄地看着小蜜蜂、七星瓢虫、小蜻蜓高兴地做游戏。青虫好想好想和小动物们一起玩，可是它没有小蜜蜂漂亮的翅膀，没有七星瓢虫美丽的斑点，没有小蜻蜓细长的身体，它觉得自己好丑好丑，丑得没有勇气和小朋友们一起玩，它的心里好难过好难过。小蜜蜂看见青虫，高声喊道：“青虫，青虫，快来和我们做游戏吧。”青虫缩了缩脑袋，小声地说道：“不了、不了，我没有漂亮的衣服。”七星瓢虫看见青虫，高声喊道：“青虫，青虫，快来和我们做游戏吧。”青虫缩了缩脑袋，小声地说道：“不了、不了，我没有漂亮的衣服。”小蜻蜓看见青虫，高声喊道：“青虫，青虫，快来和我们做游戏吧。”青虫缩了缩脑袋，小声地说道：“不了、不了，我没有漂亮的衣服。”

微风轻轻地吹，远处飞来了成群的蝴蝶。它们像是从空中洒下来的五颜六色的花瓣，漂亮极了。蝴蝶们一会儿在空中翩翩起舞，一会儿又收起翅膀落在花儿上，仿佛精灵穿梭在花丛中。有一只蝴蝶最吸引小动物们的目光，它全身散发着蓝宝石的光芒，一对深蓝色的小翅膀像大海，湛蓝湛蓝的，一对浅蓝色的大翅膀像天空一样，蔚蓝蔚蓝的，四只翅膀中间有细细、弯弯的身体，像一条会跳舞的月亮船。青虫羡慕极了，它多么希望自己就是那只美丽的蝴蝶呀。

美丽的蝴蝶看到躲在叶子背面的青虫，友好地说道：“青虫，快来和我们做游戏吧。”青虫缩了缩脑袋，小声地说道：“不了、不了，我没有漂亮的衣服。”美丽的蝴蝶看着青虫，诚恳地说道：“青虫，你知道吗，我们以前长得和你一样，我们蝴蝶经过卵、幼虫、蛹、成虫几个阶段，经过千辛万苦才变成漂亮蝴蝶的。你不要因为没有漂亮衣服而难过，只要你有恒心，不怕困难和艰苦，你一定也会变成一只漂亮的蝴蝶。”青虫听了蝴蝶的话，高兴极了，它相信自己一定会变成一只世界上最漂亮的蝴蝶。

一天又一天过去了，花园里飞来了一只美丽的大蝴蝶。它全身布满了翠绿色的花纹，翅膀上还有一对金黄的大斑点，在阳光的照耀下，全身闪闪发光。它一会儿在微风里翩翩起舞，一会儿又在花丛里嬉戏，仿佛一朵会飞的花。它是谁，你猜到了吗？

（王立艳、刘荣华、罗朝辉、朱大芳）

1-2　语音练习：练习 c 和 ch 音

目标

清楚地发出 c 音和 ch 音。

准备

1. 教师平时注意用自己标准的普通话语音熏陶与影响幼儿。

2. 幼儿每人一本《学习语文准备》分册。

过程

1. 教师让幼儿打开《学习语文准备》分册，翻到第 4 页，看一看图中的人都在干什么。

2. 教师让幼儿说一说第 4 页图中的人都在干什么。

3. 教师带领幼儿读出第 4 页上的词组，特别注意幼儿读带点的字音是否发音准确。如果幼儿有兴趣，可以让他们分别学一学这几个动作。

4. 教师让幼儿打开《学习语文准备》分册第 5 页，看看图中有什么。

5. 教师让幼儿说一说第 5 页图中有什么。

6. 教师带领读出第 5 页上的词，特别注意幼儿读带点的字音是否发音准确。引导幼儿说说在哪里看见过这些东西。

7. 教师再次带读这些词汇，特别注意幼儿是否发音准确。

2-1　读绕口令：《四和十》

目标

清楚地发出 s 和 sh 音。

准备

幼儿每人一本《学习语文准备》分册。

过程

1. 教师给幼儿读一遍绕口令《四和十》，让幼儿觉得读绕口令是有趣的。

2. 教师让幼儿知道他们将要学习这个绕口令，并给他们慢读一遍，让他们仔细听。

3. 教师分别教幼儿“四”和“十”的发音要领，听他们发音是否准确。

4. 教师说一句，幼儿学一句，教几遍绕口令。

5. 教师让幼儿完整地说几遍绕口令。

6. 教师让个别幼儿到前边来说给大家听，其速度可由慢变快。

附

四和十

四是四，十是十，
十四是十四，四十是四十，
要想说对四，舌尖碰牙齿，
要想说对十，舌头别伸直，
要想说对四和十，
多多练习十和四。

2-2　词汇练习：动词 1

目标

1. 正确使用动词。

2. 发展图片理解能力和语言表达能力。

准备

幼儿每人一本《学习语文准备》分册。

过程

1. 教师做几个动作让幼儿猜是什么动作。

2. 教师归纳，有一些词汇是专门表示动作的。

3. 教师让幼儿打开《学习语文准备》分册，翻到第 7 页，分别说一说图中的人在干什么。

4. 教师让幼儿说一说在这些小图中画出了哪些动作。

5. 教师让幼儿想一想、说一说自己还能想到哪些表示动作的词汇。

6. 教师让幼儿看着第 7 页的画面，任选一个小图说一句话。

3-1　讲童话：《小马过河》

目标

1. 明白遇到事情要自己动脑筋想，不要只听别人怎么说。

2. 理解不同高矮的动物对河水的深浅感觉不一样。

准备

1. 实验用水一盆，长、短积木各一块。

2. 幼儿每人一本《学习语文准备》分册。

过程

1. 教师给幼儿完整地讲一遍童话《小马过河》。

2. 教师让幼儿打开《学习语文准备》分册，翻到第 8 页和第 9 页，让幼儿说一说在图中看到了什么。

3. 教师给幼儿完整地讲第二遍故事，幼儿理解故事内容后，教师提问：为什么老牛说河水很浅，而小松鼠说河水很深？

4. 如果有部分幼儿不理解其中道理，教师可以用一盆水和一长、一短积木进行演示(长积木代表高个子动物，短积木代表矮个子动物)，让幼儿直观看到结果，即虽然盆里的水是固定的，但是对于不同高矮的动物，他们的感觉不一样。

5. 教师让幼儿说一说平时自己动脑筋解决问题的事例。

附

小马过河

马棚里住着一匹老马和一匹小马。

有一天，老马对小马说：“你已经长大了，能帮妈妈做点事吗？”小马连蹦带跳地说："怎么不能？我很愿意帮您做事。"老马高兴地说："那好啊，你把这半口袋麦子驮到磨坊去吧。"

小马驮起口袋，飞快地往磨坊跑去。跑着，跑着，一条小河挡住了去路，河水哗哗哗地流着。小马为难了，心想：我能不能过去呢？如果妈妈在身边，问问她该怎么办，那多好啊！可是离家很远了。他向四周望望，看见一头老牛在河边吃草，小马嗒嗒嗒跑过去，问道："牛伯伯，请您告诉我，这条河，我能蹚过去吗？"老牛说："水很浅，刚没过小腿，能蹚过去。"

小马听了老牛的话，立刻跑到河边，准备蹚过去。突然从树上跳下一只松鼠，拦住他大叫："小马！别过河，别过河，河水会淹死你的！"小马吃惊地问："水很深吗？"松鼠认真地说："当然啦！昨天，我的一个伙伴就是掉在这条河里淹死的！"小马连忙收住脚步，不知道怎么办才好。他叹了口气说："唉！还是回家问问妈妈吧！"

小马甩甩尾巴，跑回家去。妈妈问他："怎么回来啦？"小马难为情地说："一条河挡住了，过……过不去。"妈妈说："那条河不是很浅吗？"小马说："是呀！牛伯伯也这么说。可是松鼠说河水很深，还淹死过他的伙伴呢！"妈妈说："那么河水到底是深还是浅呢？你仔细想过他们的话吗？"小马低下了头，说："没……没想过。"妈妈亲切地对小马说："孩子，光听别人说，自己不动脑筋，不去试试，是不行的，你去试一试，就会明白了。"

小马跑到河边，刚刚抬起前蹄，松鼠又大叫起来："怎么，你不要命啦？"小马说："让我试试吧！"他一面回答，一面下了河，小心地蹚到了对岸。原来河水既不像老牛说的那样浅，也不像松鼠说的那样深。

（彭文席）

3-2　谈话：我看到的秋天

目标

发展观察、归纳能力和语言表达能力。

准备

1. 教师课前提醒幼儿注意观察天气、环境、人们衣着等的变化，为上课做准备。

2. 幼儿每人一本《学习语文准备》分册，画纸、画笔若干。

过程

1. 教师问现在是什么季节，上一个季节是什么季节。

2. 教师问幼儿夏季有什么特征（从天气、周围环境、人们的衣着等几个方面谈）。

3. 教师问幼儿现在秋季和夏季比有什么地方不一样。

4. 教师让幼儿打开《学习语文准备》分册，翻到第 10 页，看一看、说一说图中的秋天景色。

5. 教师引导幼儿在画纸上画出自己看到的秋天。

6. 教师引导幼儿交流、分享自己画出的秋天。

4-1　词汇练习：动词 2

目标

1. 学习正确使用动词。

2. 发展理解能力和语言表达能力。

准备

幼儿每人一本《学习语文准备》分册。

过程

1. 教师让幼儿打开《学习语文准备》分册，翻到第 11 页，自己看看图中画着什么。

2. 幼儿集体交流，分别说一说图中的人在干什么。

3. 教师让幼儿分别说说除了画面表示的之外，还可以用其他动词怎么说。如：一桶水，除了两个人抬水，还可以一个人拎着；手推车可以推着，还可以有人在前边拉着；皮球可以踢，还可以拍、扔、抛着玩等。

4. 教师让幼儿想一想，还能想到哪些表示动作的词。

4-2　语音练习：练习 e 和 er 音

目标

清楚地发出带点的字音。

准备

幼儿每人一本《学习语文准备》分册。

过程

1. 教师让幼儿打开《学习语文准备》分册，翻到第 12 页，看看画面上有什么，分别说出它们的名字。

2. 教师带幼儿读出这些字音，也可以让个别幼儿读出这些字音，认真倾听他们的发音，看看是否能准确发出“e”音，如果不准确，需要教师纠正。

3. 教师可以让幼儿扩展说一说，还有哪些字是带“e”音的。

4. 教师让幼儿打开《学习语文准备》分册，翻到第 13 页，看看画面上有什么。

5. 教师带幼儿读出这些字音，也可以让个别幼儿读出这些字音，认真倾听他们的发音，看看是否能准确发出“er”音，如果不准确，需要教师纠正。

6. 教师可以让幼儿扩展说一说，还有哪些字是带“er”音的。

7. 教师再次带读这些词汇，特别注意幼儿是否发音准确。

5-1　看图讲述：《买东西》

目标

1. 发展图片理解能力和语言表达能力。

2. 发展幼儿按计划做事的能力。

准备

幼儿每人一本《学习语文准备》分册。

过程

1. 教师让幼儿打开《学习语文准备》分册，翻到第 14 页，自己看看图中画着什么。

2. 教师逐图向幼儿提出问题，请他们讲清楚图中画着什么。

3. 教师问幼儿为什么小哥哥最后还是买了牛奶、醋和盐，要从按计划做事角度进行引导。

4. 教师请幼儿把几张图片连起来，完整讲述这个小故事。

5. 教师连贯讲述图片。

6. 教师请幼儿给这个小故事起一个名字。

7. 教师和幼儿聊一聊平时有没有按计划做事的时候。

5-2　词汇练习：形容词 1

目标

能正确使用形容词。

准备

幼儿每人一本《学习语文准备》分册。

过程

1. 教师让幼儿打开《学习语文准备》分册，翻到第 15 页，自己看看图中画着什么。

2. 教师让幼儿分别描述图中的物品，使用的形容词越多越好。

3. 教师对这几种物品再多说几个形容词，对幼儿的描述进行补充。

4. 教师说出几种幼儿熟悉的物品，让幼儿进行描述。

5. 教师请幼儿说出几种物品，让其他幼儿进行描述，教师补充。

6-1　读诗歌：《吃包子》

目标

幼儿边说诗歌，边做动作，体会诗歌的节奏感。

准备

1. 提醒幼儿回家问家人，做包子之前要做什么准备。

2. 幼儿每人一本《学习语文准备》分册。

过程

1. 教师问幼儿做包子前应该做什么准备。

2. 教师让幼儿打开《学习语文准备》分册，翻到第 16 页，看看图中画的做包子前的准备步骤。

3. 教师读一遍诗歌《吃包子》，给幼儿做示范。

4. 教师一句一句地教幼儿读诗歌《吃包子》。

5. 教师完整地带幼儿读诗歌《吃包子》。

6. 教师引导幼儿自主加上动作，使朗诵更生动。

7. 教师请个别幼儿到前边来边做动作边朗诵。

附

吃包子

切萝卜，切萝卜，我切、切、切；
剁羊肉，剁羊肉，我剁、剁、剁；
揉面团，揉面团，我揉、揉、揉；
擀面皮，擀面皮，我擀、擀、擀；
包包子，包包子，我包、包、包；
吃包子，吃包子，我吃、吃、吃！

6-2　词汇练习：形容词 2

目标

正确使用形容词。

准备

幼儿每人一本《学习语文准备》分册。

过程

1. 教师让幼儿打开《学习语文准备》分册，翻到第 17 页，自己看看图中画着什么。

2. 教师让幼儿分别描述图中的物品，能使用的形容词越多越好。

3. 教师对这几种物品再多说几个形容词，对幼儿的描述进行补充。

4. 教师说出几种幼儿熟悉的物品，让幼儿进行描述。

5. 教师请幼儿说出几种物品，让其他幼儿进行描述，教师补充。

7-1　讲童话：《小黄莺唱歌》

目标

像小黄莺那样锻炼自己，慢慢克服胆怯心理。

准备

幼儿每人一本《学习语文准备》分册。

过程

1. 教师让幼儿打开《学习语文准备》分册，翻到第 18 页和第 19 页，

自己看图，理解故事内容。

2. 教师请幼儿完整讲述故事。

3. 教师看附录，给幼儿完整讲两遍故事。

4. 教师提问为什么小黄莺后来敢于在台上给大家唱歌了。

5. 教师问幼儿自己有没有克服害怕的想法做成事情的时候。

6. 教师引导幼儿分别用胆小、胆大、勇敢等词说一句话。

附

小黄莺唱歌

在一座小山上，树林里住着一只小黄莺。小黄莺唱起歌来可好听了，声音像吹笛子一样，“枯枯哩，枯枯哩，枯哩，枯哩。”可是她唱歌的时候，一会儿跳到这棵树上，一会儿跳到那棵树上，老是低着头。她很害臊，怕人家听见她唱歌的声音。

春天来了，树林里的动物要开联欢会。大家都说小黄莺唱歌唱得好极了，就让小松鼠去请小黄莺来参加。

小松鼠捧了一把鲜花，来到小黄莺家，对小黄莺说：“小黄莺，小黄莺，树林开联欢会，请你去唱歌!”小黄莺说：“那多难为情！大家听我唱歌，我怕，我不去。”

妈妈对小黄莺说：“别怕，别怕，要勇敢些，孩子。大家爱听你唱歌，你就该唱给大家听啊。去吧，去吧!”

小黄莺听妈妈的话，就跟小松鼠走了。

联欢会最后一个节日就是小黄莺唱歌。小黄莺跳到台上，看见那么多小伙伴瞧着她，觉得很难为情，心里一慌，声音也发抖了。她低着头，“枯哩，枯哩。”才唱了两句，就再也唱不下去了，红着脸跳到后台去了。

小黄莺心里难过极了，也不跟大伙儿说声“再见”，就飞回家去。路上，她碰见了顽皮的小八哥，小八哥说：“小黄莺，胆子小，唱歌唱一半，还是不唱好。”

小黄莺飞着，飞着，又碰见多嘴的小喜鹊。小喜鹊说：“小黄莺，真害臊，唱歌唱一半，还是不唱好。”

小黄莺羞得差点要哭出来了。她回到家里，对妈妈说：“我以后再也不唱歌了。”

妈妈说：“人家笑话你，是你不好哇，没把歌儿唱完。不要紧，往后你多唱给大家听听，胆子就会慢慢大起来。”

小黄莺听妈妈的活，天天练习唱歌。

有一回，小黄莺飞上山岗，看见许多八哥，就在他们面前唱起歌来。那只顽皮的小八哥说：“别唱了，我可不喜欢胆小的歌唱家。”小黄莺不理他，唱啊，唱啊，越唱胆子越大啦！

又有一回，小黄莺飞出树林，看见许多喜鹊，就在他们面前唱起歌来，那只多嘴的小喜鹊说：“小黄莺，别表演了，我可不欢迎害臊的演员。”小黄莺不理他，唱啊，唱啊，越唱越好听啦。

小黄莺又飞到青蛙和山雀们面前去唱歌，青蛙和山雀听了，都称赞她：“小黄莺胆子大起来了，唱的歌更好听了，表情也很好。小黄莺进步多快啊！”

夏天到了，树林里又要举行一次联欢会，小黄莺也去参加。顽皮的小八哥和多嘴的小喜鹊说：“小黄莺胆子小，别让她唱了。”可是青蛙和山雀都说：“让小黄莺唱吧！她胆子大了，唱歌也更好听了。”

联欢会开始了，小黄莺第一个上台表演。这次，她心里一点也不慌，唱的歌多么好听。大家都鼓起掌来，顽皮的小八哥和多嘴的小喜鹊也在鼓掌，还拍得特别响呢！

（黄衣青）

7-2 语音练习：练习 g 和 j 音

目标

清楚地发出 g 和 j 音。

准备

幼儿每人一本《学习语文准备》分册。

过程

1. 教师让幼儿打开《学习语文准备》分册，翻到第 20 页，看看画面上有什么，分别说出它们的名字。

2. 教师带幼儿读出这些字音，也可以让个别幼儿读出这些字音，认真倾听他们的发音，看看是否能准确发出“g”音，如果不准确，需要教师纠正。

3. 教师可以让幼儿扩展说一说，还有哪些字是带“g”音的？

4. 教师让幼儿打开《学习语文准备》分册，翻到第 21 页，看看画面上有什么。

5. 教师带幼儿读出这些字音，也可以让个别幼儿读出这些字音，认真倾听他们的发音，看看是否能准确发出“j”音，如果不准确，需要教师纠正。

6. 教师可以让幼儿扩展说一说，还有哪些字是带“j”音的？

7. 教师再次带读这些词汇，特别注意幼儿是否发音准确。

8-1　造句练习：用“和”与“或”各说一句话

目标

1. 分辨“和”与“或”的不同意思，并会造句。

2. 发展想象力和语言运用能力。

准备

幼儿每人一本《学习语文准备》分册。

过程

1. 教师结合幼儿熟悉的内容，给他们用“和”字说一句话作为示范，让他们也用“和”字造句，看他们是否能正确运用“和”字。

2. 教师结合幼儿熟悉的内容，给他们用“或”字说一句话作为示范，让他们也用“或”字造句，看他们是否能正确运用“或”字。

3. 教师请幼儿说一说“和”与“或”的不同之处，并归纳两者区别。

4. 教师让幼儿打开《学习语文准备》分册，翻到第 22 页，自己看看哪张图应该用“和”造句，哪张图应该用“或”造句。

5. 教师让幼儿分享哪张图应该用“和”造句，哪张图应该用“或”造句。

6. 教师再次归纳总结两个字的区别，什么时候应该用哪一个。

8-2　词汇游戏：和我对反义词

目标

1. 复习、归纳反义词，并尝试说出新的反义词。

2. 培养思维的灵活性和可逆性。

准备

1. 幼儿每人一本《学习语文准备》分册。

2.“击鼓传花”游戏用一个小鼓和一朵纸花。

过程

1. 教师组织幼儿围坐成圆圈。

2. 教师问幼儿知不知道什么是反义词，如果他们不知道，教师可以给他们举例说明什么是反义词。

3. 教师让幼儿打开《学习语文准备》分册，翻到第23页，自己看看图中的内容应该用哪些反义词表示。

4. 教师让幼儿分享自己的想法。

5. 教师组织幼儿玩“击鼓传花”游戏，鼓停了，花在谁手里谁就说一个有反义词的词。教师再次击鼓，鼓再次停了，花在谁手里谁说一个和前边词汇意思相反的词。依此类推，幼儿熟悉玩法后教师可以让幼儿当击鼓人。

提示

如果班里没有小鼓，教师可以用任何能发出声响的小盒子等代替，纸花也可以用手绢、玩具等代替。

9-1　讲故事：《一把红雨伞》

目标

树立资源共享的理念。

准备

1. 教师平时在班里注意引导幼儿物品（如：胶棒、剪子等）轮流、分享使用。

2. 幼儿每人一本《学习语文准备》分册。

过程

1. 教师给幼儿完整地讲两遍故事《一把红雨伞》。

2. 教师让幼儿打开《学习语文准备》分册，翻到第24页和第25页，让幼儿说一说在图中看到了什么。

3. 幼儿理解故事内容后，教师提问：为什么妈妈要求小宝把红伞送回银行？

4. 教师让幼儿说一说，在班里有哪些东西是我们大家分享使用的。

5. 教师说一说为什么要分享使用物品，它对环境保护的意义。

6. 教师提醒幼儿在使用分享物品时应该注意什么，培养幼儿的公德心。

附

一把红雨伞

一个周日的下午，小宝睡醒了午觉，妈妈对她说："我要去银行，你跟我一起去吧！"小宝说："好啊，正好我想出去玩呢。"

在路上，小宝说："妈妈，银行里面的机器会吃钱，还会吐钱。"妈妈听了笑着说："小宝，银行是替我们大家保管钱的地方，不过它可不吃也不吐钱呀！那是在给我们服务呢！哎呀，咱们要快点走了，今天天气预报有雨，你看都有点刮风了，妈妈走得急，没拿伞！"小宝懂事地点点头，加快了脚步。

不一会儿到了银行，妈妈办完事以后，小宝好奇地四处张望，突然，他看到门口放着一排雨伞，马上问："妈妈，银行也卖雨伞吗？"妈妈说："小宝，这些雨伞是为了方便那些来银行办事，万一碰上下雨没带伞的人使用的。"小宝指着门外说："我们也可以使用吗？"妈妈一看外面还真下雨了，说："好吧，那我们也借把伞回家吧！""我要那把红色的。"在征得了工作人员同意后，妈妈和小宝打着红雨伞回家了。

回家后，小宝看妈妈把雨伞擦干收起来、整理好，说道："妈妈，银行的红雨伞真好看，以后下雨我就用它了！"妈妈看出了小宝的心思，摸着小宝的头说："小宝，你喜欢这把红雨伞吧，想要把它占为己有，是吗？妈妈告诉你，这把伞可不是普通的伞，它的作用可大了，你如果把它留在咱家，它就只能被你一个人用，可是你如果把它还回去，它就可以被更多的人使用，帮助更多的人了。想想咱们今天需要雨伞帮助时的心情，你觉得怎么做红雨伞才会高兴呢？"小宝点点头说："好吧，我们把它还回去！"

于是，妈妈和小宝打了一把家里的伞把红雨伞送回银行。到了银行，小宝发现银行的伞都被借走了，一位老奶奶没带伞，正着急地站在门口张望。小宝前去递上雨伞，说："奶奶，我把这把小红伞送回来了，您接着用吧！"奶奶高兴地接过雨伞称赞道："与人方便自己方便，真是懂事的好孩子，等奶奶用完了再把它送回来。"小宝和妈妈看着门外的小红伞就像绽开的花朵一样，开心地笑了！

（杨洁）

9-2　语音练习：练习 l 和 m 音

目标

能清楚地发出 l 和 m 音。

准备

幼儿每人一本《学习语文准备》分册。

过程

1. 教师让幼儿打开《学习语文准备》分册，翻到第 26 页，看看画面上有什么，分别说出它们的名字。

2. 教师带幼儿读出这些字音，也可以让个别幼儿读出这些字音，认真倾听他们的发音，看看是否能准确发出“l”音，如果不准确，需要教师纠正。

3. 教师可以让幼儿扩展说一说，还有哪些字是带“l”音的。

4. 教师让幼儿打开《学习语文准备》分册，翻到第 27 页，看看画面上有什么。

5. 教师带幼儿读出这些字音，也可以让个别幼儿读出这些字音，认真倾听他们的发音，看看是否能准确发出“m”音，如果不准确，需要教师纠正。

6. 教师可以让幼儿扩展说一说，还有哪些字是带“m”音的。

7. 教师再次带读这些词汇，特别注意幼儿是否发音准确。

10-1　语言游戏：它是谁

目标

学习用排除法进行推理。

准备

幼儿每人一本《学习语文准备》分册。

过程

1. 教师让幼儿打开《学习语文准备》分册，翻到第 28 页，让幼儿自己看一看，是不是都认识图中画的物品。

2. 教师让幼儿说一说图中分别画的是什么。

3. 教师给幼儿逐一读出小图对应的文字，让他们猜一猜说的是哪一种物品，并让幼儿说出为什么。

4. 教师可以结合幼儿熟悉的物品，自编一些类似的描述，让幼儿猜一猜说的是什么。

5. 教师可以让幼儿自编一些类似的描述，让其他人猜一猜说的是什么。

10-2　词汇练习：量词 1

目标

正确使用表示单个物体的量词。

准备

幼儿每人一本《学习语文准备》分册，笔若干。

过程

1. 教师让幼儿打开《学习语文准备》分册，翻到第 29 页，让幼儿自己看一看，是不是都认识图中画的物品。

2. 教师给幼儿读出画面上的 5 个量词：一条、一张、一块、一把、一只。

3. 教师问幼儿为什么“一条”和“鱼”之间有连线。

4. 教师问幼儿图中的其他东西应该和哪一个量词连线。

5. 教师请幼儿自己用笔在图中进行连线。

6. 教师请幼儿分享、交流，如果幼儿之间有不同意见，可以进行讨论，澄清认识。

7. 教师给出图中量词的正确答案。

11-1　语音练习：练习 n 和 p 音

目标

清楚地发出加点的字音。

准备

幼儿每人一本《学习语文准备》分册。

过程

1. 教师让幼儿打开《学习语文准备》分册，翻到第 30 页，看看画面上有什么，分别说出它们的名字。

2. 教师带幼儿读出这些字音，也可以让个别幼儿读出这些字音，认真倾听他们的发音，看看是否能准确发出“n”音，如果不准确，需要教师纠正。

3. 教师可以让幼儿扩展说一说，还有哪些字是带“n”音的。

4. 教师让幼儿打开《学习语文准备》分册，翻到第 31 页，看看画面上有什么。

5. 教师带幼儿读出这些字音，也可以让个别幼儿读出这些字音，认真倾听他们的发音，看看是否能准确发出“p”音，如果不准确，需要教师纠正。

6. 教师可以让幼儿扩展说一说，还有哪些字是带“p”音的。

7. 教师再次带读这些词汇，特别注意幼儿是否发音准确。

11-2　读诗歌：《好孩子》

目标

遵守在幼儿园的各项规则，为入小学做准备。

准备

1. 课前利用零碎时间，经常给幼儿放《好孩子》诗歌的录音听，为上本节课做准备。

2. 幼儿每人一本《学习语文准备》分册。

过程

1. 教师让幼儿打开《学习语文准备》分册，翻到第 32 页，看看画面上都画了什么。

2. 教师给幼儿朗诵两遍诗歌《好孩子》。

3. 教师用提问的方法检查幼儿是否对每一句诗歌都理解，如有不理解的句子，教师需向他们讲解。

4. 教师用一句一句教的方式，教两遍。

5. 教师用从头至尾带读的方式，带读2～3遍。

6. 教师引导幼儿背诵诗歌《好孩子》。

7. 教师向幼儿提问，除了诗歌中说的以外，我们还应该在哪些方面做好，才能说明我们是好孩子。

附

好孩子

入园时，不迟到，见面问早又问好；
来和去，靠右边，上下楼梯不奔跑；
课堂上，守纪律，学习动手又动脑；
要发言，先举手，用心听讲勤思考；
同学间，要友爱，和睦相处不吵闹；
爱清洁，讲卫生，纸屑杂物不乱抛；
爱公物，勤打扫，花草树木保护好；
有错误，须诚实，接受教育听劝告。

12-1 猜谜语 1

目标

发展语言理解、推理和想象能力。

准备

幼儿每人一本《学习语文准备》分册。

过程

1. 教师向幼儿交代清楚，今天上课要做的事情是猜谜语，提示大家要积极动脑筋。

2. 教师念出第一个谜语："身穿绿衣裳，肚里水汪汪，生的子儿多，个个黑脸膛。(猜一种水果)"让幼儿猜。如果幼儿对有的句子不理解，教师可做适当解释。

3. 当幼儿猜对谜底后，教师提醒幼儿用这个谜语的每一句，和谜底相核对，看看是不是猜对了。只有每一句都和谜底特点相一致的时候才是猜对了。

4. 下边三个谜语均以这种方法组织。

5. 幼儿猜对4个谜语后，教师引导幼儿背会这4个谜语儿歌。

6. 教师让幼儿打开《学习语文准备》分册，翻到第33页，看看书中的内容。

附

身穿绿衣裳，肚里水汪汪，生的子儿多，个个黑脸膛儿。（猜一种水果）（谜底：西瓜）

紫的皮，紫的把儿，紫的袋里装“芝麻”。（猜一种蔬菜）（谜底：茄子）

说它叫牛不是牛，不会耕田拉犁头，要说它的力气小，每天背着房子走。（猜一种动物）（谜底：蜗牛）

头上长着大树杈，身上披着白梅花，奔跑起来快如飞，请你猜猜它是啥？（猜一种动物）（谜底：梅花鹿）

12-2　词汇练习：量词 2

目标

正确使用表示多个物体或一个整体的量词。

准备

幼儿每人一本《学习语文准备》分册。

过程

1. 教师和幼儿讨论，如果是一根筷子，量词怎么说？如果是两根筷子，量词怎么说？（一双）如果是好几根筷子，量词怎么说？（一把）

2. 教师让幼儿打开《学习语文准备》分册，翻到第34页，看看书中的内容。

3. 教师和幼儿讨论，如果书中的这些东西是单个的量词应该怎么说，现在不是单个了，量词应该怎么说。

4. 教师引导幼儿说出书中表示多个物体或一个整体的量词。

5. 教师请幼儿出题，让其他幼儿正确说出量词。

13-1　猜谜语 2

目标

发展语言理解、推理和想象能力。

准备

幼儿每人一本《学习语文准备》分册。

过程

1. 教师向幼儿交代清楚，今天上课要再猜 4 个谜语，提示大家要像上次猜谜语一样积极动脑筋。

2. 教师念出第一个谜语："圆圆红肚子，装着红珠子，小小红珠子，包着白核子。(猜一种水果)"让幼儿猜。如果幼儿对有的句子不理解，教师可做适当解释。

3. 当幼儿猜对谜底后，教师提醒幼儿用这个谜语的每一句，和谜底相核对，看看是不是猜对了。只有每一句都和谜底特点相一致的时候才是猜对了。

4. 下边三个谜语均以这种方法组织。

5. 幼儿猜对 4 个谜语后，教师引导幼儿背会这 4 个谜语儿歌。

6. 教师让幼儿打开《学习语文准备》分册，翻到第 35 页，看看书中的内容。

附

圆圆红肚子，装着红珠子，小小红珠子，包着白核子。(猜一种水果)(画面：石榴)

四方一块宝，洗手搓泡泡，越用身越小，最后不见了。(猜一种生活用品)(画面：肥皂)

三兄弟个儿不齐，每天走在圆圈里。嘀嗒嘀嗒不生气，永远都是好兄弟。(猜一种生活用品)(画面：钟表)

街上有间活动房，每时每刻挪地方，有上有下人来往，见了老弱把座让。(猜一种交通工具)(画面：公共汽车)

13-2　语音练习：练习 f 和 h 音

目标

能清楚地发出带点的字音。

准备

幼儿每人一本《学习语文准备》分册。

过程

1. 教师让幼儿打开《学习语文准备》分册，翻到第36页，看看画面上有什么，分别说出它们的名字。

2. 教师带幼儿读出这些字音，也可以让个别幼儿读出这些字音，认真倾听他们的发音，看看是否能准确发出“f”音，如果不准确，需要教师纠正。

3. 教师可以让幼儿扩展说一说，还有哪些字是带“f”音的。

4. 教师让幼儿打开《学习语文准备》分册，翻到第37页，看看画面上有什么。

5. 教师带幼儿读出这些字音，也可以让个别幼儿读出这些字音，认真倾听他们的发音，看看是否能准确发出“h”音，如果不准确，需要教师纠正。

6. 教师可以让幼儿扩展说一说，还有哪些字是带“h”音的。

7. 教师再次带读这些词汇，特别注意幼儿是否发音准确。

14-1　讲故事：《玛莎怎样长大》

目标

知道长大不是看外表，而是看内心是不是懂事了。

准备

幼儿每人一本《学习语文准备》分册。

过程

1. 教师提问幼儿：“自己长大了吗？长大了的自己是一个什么样的人？”

2. 教师针对幼儿的回答引导幼儿知道，长大了就要懂事，要勤快，要愿意帮助别人。

3. 教师告诉幼儿：“今天讲一个故事，看看一个叫玛莎的外国小朋友她想不想长大，怎么做别人就说她长大了呢？”

4. 教师给幼儿讲两遍故事。

5. 教师让幼儿打开《学习语文准备》分册，翻到第38页和第39页，教师再讲一遍故事。

6. 教师根据故事情节向幼儿提出问题。

7. 教师引导幼儿讨论帮助过别人的事情，自己是不是在帮助别人的过程中慢慢长大。

附

玛莎怎样长大

小玛莎真想快快长大。不过，怎样才能长大呢，她也不知道。

她试过好多办法。脚上穿着妈妈的鞋呀，身上披起奶奶宽大的长衣呀，头发梳得跟阿姨一样呀，脖子上套一串珠子呀，手上戴一只表哇……一点没用。大家光是笑话她，说她是个小不点儿。

有一回，玛莎忽然想到扫扫地。她把地扫得那么干净，妈妈感到惊喜

"小玛莎！你好像成了大孩子啦！"

后来，玛莎洗盘子、碟子，洗净了还擦干。这么着，不仅妈妈，连爸爸也惊奇了。在吃饭的时候，爸爸当着大家说

"咱们还真没留意，玛莎长大了。她不但会扫地，还会洗盘子、碟子呢。"

现在，大家都说小玛莎长大了。她自个儿也觉得长大了。虽然脚上穿的是自己的鞋子，身上穿着自己的连衣裙，头发没有梳得像阿姨一样，脖子上没套珠子，手上也没戴表，可她觉得自个儿长大了。

看来，使一个人长大的，并不是这些。

（俄罗斯故事　王志冲译）

14-2　造句练习：因为……所以……

目标

学习使用"因为……所以……"说一句话。

准备

幼儿每人一本《学习语文准备》分册。

过程

1. 教师让幼儿打开《学习语文准备》分册，翻到第 40 页和第 41 页，自主阅读，看看画面上有什么。

2. 教师让幼儿分享、交流画面上的内容。

3. 教师让幼儿自选一张小图，用"因为……所以……"说一句话。

幼儿如果不会，教师可以先给幼儿做一个示范。如：“因为下雨，所以小哥哥撑着伞。”“因为土干了，所以花蔫了。”……

4. 教师可让幼儿与周围的小朋友互相交流，同时梳理自己的思路。教师巡回指导，了解幼儿对句式掌握的情况。

5. 教师让幼儿分成几大组分享，如果哪位幼儿说得不对，其他幼儿补充或纠正。

6. 教师让幼儿按照图片顺序，把所有小图都用“因为……所以……”说一句话。

提示

幼儿造句的具体内容应是开放型的，只要使用了“因为……所以……”句型，内容又结合小图，教师均应予以认可。

15-1　造句练习：越……越……

目标

学习使用“越……越……”说一句话。

准备

幼儿每人一本《学习语文准备》分册。

过程

1. 教师让幼儿打开《学习语文准备》分册，翻到第 42 页和第 43 页，自主阅读，看看画面上有什么。

2. 教师让幼儿分享、交流画面上的内容。

3. 教师让幼儿自选一张小图，用“越……越……”说一句话。幼儿如果不会，教师可以先给幼儿做一个示范。

4. 教师可让幼儿与周围的小朋友互相交流，同时梳理自己的思路。教师巡回指导，了解幼儿对句式的掌握情况。

5. 教师让幼儿分为几大组分享，如果哪位幼儿说得不对，其他幼儿补充或纠正。

6. 教师让幼儿按照图片顺序，把所有小图都用“越……越……”说一句话。

提示

幼儿造句的具体内容应是开放型的，只要使用了“越……越……”句型，内容又结合小图，教师均应予以认可。

15-2　语音练习：练习 k 和 o 音

目标

清楚地发出带点的字音。

准备

幼儿每人一本《学习语文准备》分册。

过程

1. 教师让幼儿打开《学习语文准备》分册，翻到第 44 页，看看画面上有什么，分别说出它们的名字。

2. 教师带幼儿读出这些字音，也可以让个别幼儿读出这些字音，认真倾听他们的发音，看看是否能准确发出“k”音，如果不准确，需要教师纠正。

3. 教师可以让幼儿扩展说一说，还有哪些字是带“k”音的。

4. 教师让幼儿打开《学习语文准备》分册，翻到第 45 页，看看画面上有什么。

5. 教师带幼儿读出这些字音，也可以让个别幼儿读出这些字音，认真倾听他们的发音，看看是否能准确发出“o”音，如果不准确，需要教师纠正。

6. 教师可以让幼儿扩展说一说，还有哪些字是带“o”音的。

7. 教师再次带读这些词汇，特别注意幼儿是否发音准确。

16-1　语音练习：找相同的音

目标

能找出一句话中相同的语音。

准备

幼儿每人一本《学习语文准备》分册。

过程

1. 教师说出一句含有相同语音的话，让幼儿找出哪个语音是一句话里出现了两次的。教师说出答案。

2. 教师让幼儿打开《学习语文准备》分册，翻到第 46 页和第 47 页，看看画面上有什么。

3. 教师让幼儿用一句话说出一张小图的含意，这句话必须有两个相同的语音。

4. 教师让幼儿按照图片顺序，把所有小图都说一遍。

5. 教师让幼儿再想一想，能不能自己编出一句含有两个相同音的话。

16-2　表达练习：说一句祝愿的话

目标

学习对不同的人说出不同的祝愿的话。

准备

幼儿每人一本《学习语文准备》分册。

过程

1. 教师问幼儿现在是什么时候，快要过一个什么节日了。（新年）

2. 教师引导幼儿说说在过新年的时候，应该怎么表示美好祝愿的话。

3. 教师让幼儿打开《学习语文准备》分册，翻到第 48 页，看看画面上都画了什么。

4. 教师让幼儿分别练习对爷爷、奶奶、爸爸、妈妈、叔叔、阿姨、老师、同学表示祝愿的话。

5. 教师向幼儿解释为什么过年的时候要说表示美好祝愿的话，它既是我们的一种习惯，也是我们向他们表达爱的一种方式。

学习数学准备

1-1　数一数：热闹的动物园

目标

1. 复习 1～5 的概念，感受 5 以内的数量。

2. 能手口一致地数，并正确说出总数。

准备

1. 幼儿熟悉花园的情景，知道蜻蜓、蜜蜂、瓢虫、鸟、毛毛虫。

2. 教师制作数字 1～5 的卡片。

3. 幼儿每人一本《幼儿入学准备课程——幼儿用书上册，学习数学准备》(以下简称《学习数学准备》分册)。

过程

1. 翻开《学习数学准备》分册第 2 页，看图熟悉花园情景。

(1)请幼儿仔细观察，说说图中是什么地方，都有什么动物和植物。

如：这是一个小花园，花园里有各种颜色的花，有蜻蜓、蜜蜂、瓢虫、鸟、毛毛虫。

(2)请幼儿具体说一说每种小动物的位置。

如：天上飞着小鸟和蜻蜓，瓢虫在叶子上趴着，叶子上还趴着毛毛虫等。

2. 请幼儿分别数出每种动物的数量，并用完整的话描述。

教师：小朋友们观察得都很仔细，现在请你数一数每种小动物的数量，并试着用一句完整的话说出来。

教师说出例子，如：叶子上趴着 1 只毛毛虫，引导幼儿完整描述。

3. 翻开《学习数学准备》分册第 3 页，请幼儿用笔把小动物与相应的数字连线，自己试着正确写出数字，并说一说。

4. 经验迁移，感受数的实际意义：引导幼儿举例说出生活中 1～5 分别可以表示什么。

教师在黑板上逐个写出数字，让幼儿用数字联想组词。

如：1 个小朋友，1 朵花，1 只小猫，1 个书包……

2 只蝴蝶，2 座房子，2 朵白云，2 个老师……

3 瓶水，3 块积木，3 本书，3 只小狗……

4 张纸，4 个杯子，4 把雨伞，4 根油条……

5 个苹果，5 片树叶，5 张桌子，5 辆小汽车……

(量词不做特别要求)

教师总结：每个数字都可以代表很多个意思，在我们书中的花园里，数字 1 就是 1 只毛毛虫。在我们的生活中，1 可以是 1 个小朋友、1 只小猫，或者 1 个书包。数字表示物体的数量。

5. 做游戏，经验巩固。

教师拿出数字 1～5 的卡片，有数字的一面冲下，让一名幼儿选择其中的一张，并用选中的数字组词。然后请这名幼儿拿着 5 张数字卡片，请旁边的幼儿选择，并组词。依此类推，要求每个幼儿尽量说得和别人不一样。

1-2　数一数、比多少：果园大丰收

目标

1. 复习 1～10 的概念，感受 10 以内的数量。

2. 能手口一致地数，并正确说出总数。

准备

1. 幼儿认识《学习数学准备》分册第 5 页图中所示水果。

2. 教师制作数字 1～10 的卡片。

3. 幼儿每人一本《学习数学准备》分册。

过程

1. 调动生活经验，引入主题。

教师：秋天到了，好多水果都成熟了。小朋友们都知道咱们的家乡有哪些水果是在秋天成熟的吗？

2. 翻开《学习数学准备》分册第 4 页，看图熟悉水果。

教师：秋天，果园里的水果都丰收了，看看树上都有哪些水果？是什么颜色的？你都认识吗？

引导幼儿用完整的话描述，如：树上有红色的苹果。

3. 请幼儿分别数出每种水果的数量，并正确地说出来。

如：树上有 6 个红色的苹果。

4. 翻开《学习数学准备》分册第 5 页，请幼儿用笔把水果与相应的数字连线，自己试着写出数字，并说一说。

5. 教师引导幼儿按顺序从 1 数到 10。

可以让一名幼儿从 1 数到 10，也可以让全班幼儿用报数的方式数。

6. 做游戏，经验巩固，感受数的实际意义。

教师拿出数字 1～10 的卡片，让幼儿玩抽卡片、用数字组词的游戏。

教师总结：数字表示物体的数量。生活中每个数字都可以代表很多个意思。

2-1　认识方位：谁在前、谁在后

目标

1. 能够以客体为中心区分前后。

2. 能把方位说清楚、说正确。

准备

1. 幼儿能以自己为中心区分前后。

2. 幼儿每人一本《学习数学准备》分册。

过程

1. 以自身为中心区分前后，并用前后方位词描述物体的相对位置。

(1)请幼儿观察自己的衣服，说说衣服前面有什么，后面有什么。

(2)玩游戏，说出自己前面、后面的物体。

请幼儿在教室内自由走动，教师说“停”，幼儿即停止走动，教师请幼儿说出自己前面有什么，后面有什么。

(3)通过提问，帮助幼儿提升经验。

教师以某一物体为例，提问：“小朋友们有没有发现，乐乐刚才说了这张桌子在他前面，可是悦悦却说桌子在他后面，为什么桌子的位置发生了变化？谁来说一说？”

教师总结：因为我们站的位置不同，面对的方向不一样，所以我们前后的物体也不一样。

2. 以客体为中心区分前后，并用前后方位词描述物体的相对位置。

再次请幼儿在教室内自由走动，教师说“停”，幼儿即停止走动，教师说出一名幼儿的名字，其他幼儿说出这名幼儿前面和后面的物体。可以多玩几次，让幼儿充分练习。

3. 玩游戏，巩固以自身或客体为中心区分前后的经验，并感知物体前后的特性。

(1)教师发出指令为幼儿排队，幼儿需按照教师的指令站到正确的位置。

例如，教师发出指令：请乐乐站在老师前面。请悦悦站在乐乐的后面，请欢欢站在悦悦的前面……根据场地面积可排成长短不一的几队。

(2)请幼儿分别说出自己前面和后面排队的小朋友。

(3)请幼儿说出队伍中任意一名幼儿前面和后面的小朋友。

教师总结：我们要说一个人或物体的位置就要看他和谁比(参照物)，和不同的人或物比，他的位置也就不同了。

4. 翻开《学习数学准备》分册第 6 页和第 7 页，完成练习。

第 6 页：先请幼儿观察并说出图中有什么，再以房子为中心，说出其他物体的位置。请幼儿用语言准确描述。例如，房子前面有小熊，房子后面有树……

第 7 页：请幼儿以不同的小动物为中心说出它前面和后面的小动物。

请幼儿用句式“××跑在××前面”或“××跑在××后面”进行描述。说出谁是第一名，谁是最后一名。说出每个小动物的名次。

延伸

1. 请幼儿自主玩“发指令，排队伍”的游戏。

2. 请幼儿回到家中翻看自己和家人的相片，说说每个人的前后位置和每个人前后的物体。

2-2　分类练习：好看的毛线袜

目标

1. 能用不同的分类标准给物体分类。

2. 初步形成发现、观察、比较、归纳事物特征的逻辑思维能力。

准备

1. 幼儿自行准备彩色铅笔。

2. 幼儿每人一本《学习数学准备》分册。

过程

1. 翻看《学习数学准备》分册第 8 页，感知、体验分类。

(1)请幼儿说一说画面上有什么，都有哪些袜子，喜欢哪种袜子。

(2)教师指定特征，请幼儿按照教师统一的标准分类。

教师：现在请小朋友们找出红色的袜子，并把它们用线连接起来。找出黄色的袜子，也用线连接起来。再找出蓝色的袜子，也连接起来吧。

教师总结：把有相同特征的东西放在一起就叫作分类。刚才我们做的就是按照颜色分类。

(3)幼儿按照自己的方式给袜子分类。

教师：请小朋友们仔细观察图中袜子的不同，并把有相同特征的袜子用线连接起来。看看哪个小朋友最细心，能给袜子分的种类最多。

教师提醒幼儿，不同的分类方式用不同颜色的铅笔连线，或者不同的表达方式，以示区分。

(4)请幼儿展示并讲述自己是怎么做的。

教师提醒幼儿说清楚是按照哪种特征分类的。

幼儿每说到一种分类方式，教师随即在黑板上记录下来，可按照颜

色、袜筒高低、条纹或星星图案、有无小猫四种特征进行分类。

2. 经验提升。

教师帮助幼儿归纳：按照颜色特征可分为三类，每类2双袜子，一共6双袜子；按照袜筒高低、条纹或星星图案、有无小猫的特征都可以分为两类，每类3双袜子，一共6双袜子。

教师总结：不管按照哪种特征分类，物体的总数不变。

3. 说说生活中哪些地方用到了分类，分类的好处，如果不分类会对生活造成哪些影响。

生活中的分类：超市里的货物，收银员盒子里的钱，书店里的书，冰箱分冷藏室和冷冻室等。物品分类放置可以节省空间，卫生环保，让我们更快速、准确地找到需要的东西，节省时间。生活中处处都用到分类的办法，数学在我们的生活中处处都有体现。

延伸

请幼儿在教室里、幼儿园里或家里找一找分类放置的物品和物品分类的方式，并和大家交流。

3-1　10以内数的顺序：小猫吃鱼

目标

1. 感知10以内数的顺序，会按照顺序排列。
2. 复习10以内数的顺数和逆数。

准备

1. 每名幼儿自行准备数字1～10的卡片。
2. 幼儿有按序数数的经验基础。
3. 幼儿每人一本《学习数学准备》分册。

过程

1. 由生活中的排队引发数字排队的问题。

教师：小朋友们，平时老师带领大家去户外活动的时候需要先排队，大家是怎么排队的呢？

引导幼儿说按照从低到高的顺序排队，或者低个子排在最前面，高个子排在最后面。

2. 自主探索给数字1～10排序。

教师：我看每个小朋友都准备好了自己做的数字卡片，现在请你们为这些数字卡片排排队吧。

(1)请幼儿拿出各自的数字卡片，按照从小到大的顺序在桌子上摆成一排。幼儿动手摆，教师巡视。

(2)展示结果，发现排列顺序和规律。

教师请几名幼儿用自己的卡片分别演示排序方法和结果。

教师：还有不同的排法吗?

教师：看来大家排的都一样，说明小朋友们对数字1～10的大小顺序已经很清楚了。现在请你们观察这一排数字，发现了什么规律?

教师总结：以从左往右顺序排列的方式为例：从左往右看，一个比一个数大，或从右往左看，一个比一个数小。相邻的两个数，右边的比左边的多1，或左边的比右边的少1。

(3)按照从大到小的顺序给数字排序。幼儿动手摆，教师巡视。

(4)请幼儿念出排好队的数字顺序。引导幼儿总结规律。

教师：现在请小朋友们把数字卡片打乱，这次按照从大到小的顺序再给数字排排队吧。

3. 翻开《学习数学准备》分册第9页，完成练习。

(1)请幼儿用铅笔画出小猫吃鱼的正确路线，教师巡视指导。

(2)请幼儿按照数字10～1的顺序说出小猫回去的正确路线。

4. 练习10以内数的顺数和倒数。

(1)可用报数的方式请幼儿完成顺数和倒数练习。

(2)可请一名幼儿独立完成顺数和倒数练习。

(3)教师可随意说出一个10以内的数字，请幼儿接下去完成顺数和倒数练习。

(4)可指定一名幼儿随意说出一个10以内的数字，其他幼儿接下去完成顺数和逆数练习。

延伸

请幼儿观察生活中哪些地方需要数数，感受数学在生活中的有趣和有用。

例如，红绿灯倒计时；乘坐电梯上行，数字按照从小到大的顺序显示，电梯下行数字按照从大到小的顺序显示；发射火箭时，倒数10个数；新年钟声敲响前，倒计时；一项工程距离工期结束，工程进度倒计时等。

附

数字歌

“1”像铅笔细又长，“2”像小鸭水上游。
“3”像耳朵听声音，“4”像小旗迎风飘。
“5”像秤钩称东西，“6”像豆芽咧嘴笑。
“7”像镰刀割青草，“8”像麻花拧一道。
“9”像勺子能盛饭，“10”像鸡蛋做蛋糕。

3-2　比较多少：鲜花朵朵

目标

1. 通过游戏活动，感知物体的多和少，一样多。

2. 会用＞、＝、＜符号表示数量的相对关系。

准备

1. 教师和幼儿提前共同制作“数量卡片”：在尺寸相同的纸上任意画出相同的物品，物品的数量为10以内。如：1个苹果，2个香蕉，3朵花，4个气球，5把勺子，6顶帽子，7片树叶，8本书，9支铅笔，10个杯子。每人至少制作一张“数量卡片”，多者不限。制作好的卡片由教师收集。教师需检查是否每个数的“数量卡片”都制作好了，不能有数字缺失。

2. 教师制作三张符号卡片＞、＝、＜。

3. 幼儿自行准备彩色铅笔或蜡笔、练习本。

4. 幼儿每人一本《学习数学准备》分册。

过程

1. 教师带领幼儿复习按顺序数数：顺数和倒数。

2. 认识符号＞、＝、＜，知道符号名称及代表的意义。

教师向幼儿介绍符号＞、＝、＜。

教师：如果我们想比较两组物品的多少时，该怎么做呢？

请幼儿回答，如先数出每组物品的数量，再比较数量的多少。

教师在黑板上边写边讲：这个像三角形一样的符号就向一个张开的大嘴巴，大嘴巴只对着数字大的一边开口。符号＞是大于号，符号＜是小于号。当两边的数字一样大时就用符号＝表示，这是等于号。

教师写出例子，如：3＞2，4＜6，5＝5，引导幼儿正确念出来。

3. 玩游戏，理解并掌握符号＞、＝、＜的运用。

(1)教师：小朋友们还记得之前大家一起制作的“数量卡片”吗？现在老师就用这些卡片和大家玩个游戏，比一比哪张卡片上的物品多，哪张卡片上的物品少，或者是一样多，然后选择正确的符号表示它们的多少。

教师向幼儿展示三张符号卡片，供幼儿稍后选择。

(2)教师任意选择两张“数量卡片”，让幼儿正确数出数量，比较多少，并说出该使用的符号卡片。引导幼儿用语言正确描述，如：帽子的数量多，气球的数量少，因为6＞4。

(3)教师主导游戏，分别请幼儿选择符号卡片，并用语言正确描述。

(4)幼儿自主游戏，一名幼儿选择“数量卡片”，另一名幼儿选择符号卡片，并用语言正确描述。

4. 书写符号＞、＝、＜，巩固练习。

教师或幼儿选择“数量卡片”，请一名幼儿在黑板(或白板)上写出该使用的符号，并说明理由，其余幼儿可在纸上自行写出该使用的符号。

5. 翻开《学习数学准备》分册第10页，完成练习。

(1)练习完成后，相邻幼儿互相交换检查，教师巡视。

(2)分别请幼儿说说自己的结果。教师引导幼儿用语言正确描述：开放的花朵的数量，比较多少，涂的颜色等。

4-1　比较大小：小红的雨伞

目标

1. 进一步巩固10以内数的顺序。

2. 会比较10以内数的大小，并能将3个以上的物体按大小进行排序。

准备

1. 教师准备数字1～10的卡片。

2. 之前做好的“数量卡片”和符号卡片。

3. 幼儿每人一本《学习数学准备》分册。

过程

1. 复习符号＞、＝、＜。

(1)教师把“数量卡片”发给幼儿，每人一张，请幼儿两人一组，做比较多少的练习。

(2)每名幼儿把自己比较的结果用语言表达出来，选择正确的符号卡片，其他幼儿判断是否正确。

2. 提出问题，引发幼儿思考。

(1)教师：有几个小朋友在比年龄大小，第一个小朋友5岁，第二个小朋友8岁，哪个小朋友的年龄小？

教师：大家一下子就回答出来了，太简单了。仔细听，第三个小朋友7岁，请问这回哪个小朋友的年龄大？

教师一边说一边在黑板上按顺序写出数字5、7、8，让幼儿说出哪个数最大，哪个数最小。

(2)用符号连续表示从小到大排列的几个数的关系。

教师引导幼儿比较5和7，7和8的大小，选择正确的符号表示：5＜7＜8，并用语言正确连读：5小于7小于8。

教师总结：连续的小于号可以表示从小到大排列的数的关系。

(3)用符号连续表示从大到小排列的几个数的关系。

教师：请小朋友们告诉老师比年龄的这三个小朋友里谁的年龄最大？为什么？该用什么符号表示？

幼儿回答。教师在黑板上写出正确的式子：8＞7＞5，引导幼儿正确连读：8大于7大于5。

教师总结：连续的大于号可以表示从大到小排列的数的关系。

教师提醒幼儿：一个式子里不能既有大于号又有小于号。

3. 翻开《学习数学准备》分册第11页，完成练习。

请幼儿先涂色，再填空，教师巡视。分别请幼儿说说结果，教师引导幼儿用语言正确表达。

4. 做游戏，巩固连续比大小。

(1)请3名幼儿互相比较自己手中的“数量卡片”，按照数的大小排队。教师在黑板上写出表达式，引导幼儿用语言正确表达。做几组练习。

(2)请4名幼儿互相比较自己手中的“数量卡片”，按照数的大小排队。可请该组幼儿自行在黑板上写出表达式，用语言正确表达。做几组练习。

(3)增加幼儿数量做连续比较数的大小的游戏。

提示

在比较的过程中，如果两个数相同，则告诉幼儿用＝表示，如：$3<4=4<5<7$。

4-2　比较长短：哪支蜡笔长

日标

1. 掌握比较长短的方法。

2. 建立长短和高矮的概念。

准备

1. 幼儿每人准备几根长短不一的笔。

2. 教师准备两根长短不一的铅笔，每根铅笔上提前粘上一块双面胶。

3. 幼儿每人一本《学习数学准备》分册。

过程

1. 调动幼儿经验，引入“长、短”主题。

教师：小朋友们，在平时的生活中，或者在动物园里都见过哪些小动物？

教师：小朋友们刚才说了这么多，你们见过的小动物可真多。老师想考考你们，看谁对小动物最了解。请仔细听问题，谁的尾巴最长？谁的尾巴最短？谁的脖子最长？谁的腿最长？谁的耳朵最长？……

请幼儿根据自己的认知经验回答问题，并说明理由，答案没有对错标准。

2. 运用观察的方法比较长短。

(1)教师：小朋友们的经验可真丰富，对小动物的了解比老师知道得都多。现在请小朋友们看看我们的黑板，谁能说说这两条边，哪条边长，哪条边短？(教师边说边指黑板的长边和短边)

(2)请幼儿观察教室内的物品，并比较长短。

如：桌子、书、本、窗户、门等四方形物体的长边和短边，积木的长短，目测两个人头发的长短等。

(3)教师总结：通过用眼睛看、用手摸，是用观察的方法比较了各种物品的长短。

3. 用一端对齐的方法比较长短。

(1)教师把两根铅笔并粘在黑板上，一端不对齐，请幼儿观察比较长短。

(2)移动一根铅笔，一端对齐，请幼儿观察比较长短。

教师：有的小朋友说是第一根长，有的说是第二根长，到底哪根长呢？像这样我们不能用眼睛一下看出它们哪个长哪个短的两个物品，老师教给大家一个方法：把它们的一端对齐，然后再看另一端，就能比出谁长、谁短了。

(3)在语言中会用“比”字准确描述比较长短的物体。

如：第一根铅笔比第二根长，或第二根铅笔比第一根短。

4. 请幼儿两人一组，和同伴比较笔的长短。

(1)通过比较，找出两人之间最长和最短的笔。

(2)请两名幼儿拿着最长和最短的铅笔演示是如何比较的，并用语言正确描述比较结果。可在黑板前或桌子上进行比较，教师提示全体幼儿注意观察两根铅笔是否一端对齐了。

5. 翻开《学习数学准备》分册第 12～13 页，完成练习。请幼儿分别说说自己的结果，说明理由。

6. 引导幼儿说一说生活中哪些地方需要按照高矮、长短排序？为什么？

如：电影院的座位，书架上的书，柜子上的抽屉，乐器里的风铃、笙等。

延伸

1. 教师提供 10 根长度差为 1cm 的吸管，请幼儿把吸管按照从高到低或从低到高的顺序排列。说说是用什么办法进行排序的，哪种办法又快又好。教师可以给能力弱的幼儿提供长度差为 2cm 的 5 根吸管进行操作练习。

2. 引导幼儿思考：怎么给形状不规则的物体比较长度？

5-1　重量守恒：它们是一样重的吗

目标

1. 初步感知物体的重量不因形状的改变而发生变化。

2. 发展逻辑思维能力和细致的观察力。

准备

1. 幼儿会通过用手掂一掂、试一试等自然估量的方法比较两个物体的重量。

2. 教师准备弹簧秤、一个小塑料袋、一块橡皮泥、一支记号笔、一条毛巾。

3. 幼儿自行准备本和笔。

4. 幼儿熟悉弹簧秤。

5. 幼儿每人一本《学习数学准备》分册。

过程

1. 调动幼儿已有经验，知道用弹簧秤给物体称重的方法。

教师拿出弹簧秤和小塑料袋，请幼儿任意选取教室内几样小物品，如：积木、蜡笔、彩色铅笔等，称出重量，教师协助幼儿准确读出所示刻度。

2. 通过实验，引导幼儿合理推理出同一个物体的形状和重量的关系，初步体验重量的守恒。

(1)教师让一名幼儿使用弹簧秤称出橡皮泥的重量，幼儿准确读出所示刻度，全班幼儿在自己的本子上记录下来，教师在黑板上进行记录。教师提醒幼儿需要记录清楚橡皮泥的形状和重量。

(2)教师把这块橡皮泥搓成细条，请幼儿说一说橡皮泥发生了什么变化，引导幼儿思考重量是否会发生变化，请幼儿回答并说明理由。

(3)请这名幼儿再次给细条形状的橡皮泥称重，准确读出所示刻度，全班幼儿和教帅记录橡皮泥的形状和对应的重量。

(4)教师再次改变橡皮泥的形状，可拍成大圆饼状，请幼儿说说形状变化并推测重量。

请这名幼儿再次给大圆饼形的橡皮泥称重，准确读出所示刻度，全班幼儿和教师进行记录。

(5)教师引导幼儿得出结论：无论橡皮泥的形状发生什么变化，重量都是一样的，没有发生变化。

(6)给记号笔称重量，可分为三个步骤：称整支笔的重量；把笔帽拔下来，称笔帽和笔杆的重量；把笔拆散称全部零件的重量。

(7)教师引导幼儿得出结论：无论记号笔的形态发生什么变化，重量都是一样的，没有发生变化。

(8)给毛巾称重，可分为两个步骤：把毛巾折叠起来称出重量；把毛巾打开称出重量。

(9)教师引导幼儿得出结论：无论毛巾的形状发生什么变化，重量都是一样的，没有发生变化。

3. 翻开《学习数学准备》分册第 14 页，完成练习，并请幼儿说一说选择的理由。

5-2　有用的统计

目标

1. 尝试运用不同的方法统计物品，提高计数能力。

2. 感受统计在生活中的作用。

准备

1. 教师提前收集各游戏区的玩具、工具若干，如：蜡笔、书、积木、尺子、串珠等，每种物品数量不超过 10 个，上课前摆放在教师的桌子上(或地上)。

2. 笔、本每人一份。

3. 幼儿每人一本《学习数学准备》分册。

过程

1. 创设情境，让幼儿尝试给物品分类并统计。

(1)请幼儿观察桌子上都有哪些物品，说一说是什么。

(2)教师引导幼儿感知统计的概念。

教师：老师想请小朋友们帮助老师把这些物品送回家，应该怎么做呢？(先分类整理，把相同的物品放在一起，再说说是哪个游戏区的物品)请几名幼儿来分类整理。

教师：现在我们来数一数每种物品有多少个吧。(幼儿点数、报数，

教师在黑板上记录物品名称和数量）

(3)请幼儿把物品送回相应的游戏区，摆放整齐。

教师总结：像这样把物品分类整理，记录下每种物品的数量，这种方法就叫统计。

2. 翻开《学习数学准备》分册第 15 页，观察图片，统计物品数量。自制统计表，记录统计结果。

(1)请幼儿交流统计结果，并展示、介绍自己的统计表。

(2)说说哪种商品数量充足，哪种商品该进货了，为什么。

(3)请幼儿观察每个货架商品的共同特征，教师引导幼儿归纳出四个货架可以按照文具类、餐具类、水果类、玩具类进行归类，并以此制作出统计表，说明“×××统计表”。

3. 教师引导幼儿说一说生活中哪里需要用到统计，作用是什么。

统计可以帮助我们把生活变得很有条理，还能够合理预测未来。比如统计小朋友一天喝了几杯水，就可以知道饮水量，如果饮水量太少的话以后就要注意多喝水。比如商店可以统计一个月什么商品卖出得最多，什么商品卖出得最少，根据统计结果调整下个月的进货量。比如做天气观察记录，统计一个月的天气情况，了解天气变化。

延伸

请幼儿小组合作制作统计表，记录某一游戏区物品的数量，比较一下哪种物品多，哪种物品少。

6-1　数的分解：房间里的人数

目标

1. 在尝试操作的过程中，学习 10 以内数的分解。

2. 知道按序分解数字的方法，在观察中发现两部分数之间的递增递减，部分数互换总数不变的关系。

3. 熟悉数字的分合式。

准备

1. 幼儿自制红蓝双色硬纸片（或用瓶盖、扣子等替代），每人 10 张。

2. 笔、本每人一份。

3. 幼儿每人一本《学习数学准备》分册。

过程

1. 幼儿拿出自制双色纸片，开始第一次尝试：把 10 任意分成两个数。

教师介绍玩法：手持 10 张双色纸片，将纸片全部撒在桌子上，数一数有几张蓝色的，有几张红色的，把结果记录在练习本上，然后重新开始，并记录结果。

教师提醒幼儿按照以下方式进行记录(如图 1)。

10	

图 1

幼儿按照每次操作的结果如实填写数字，不要求按照递增或递减的顺序排列分解的数字，若结果重复则不必填写。

2. 教师引导幼儿讨论并总结操作结果，用分合式的方法记录在黑板上(如图 2)。

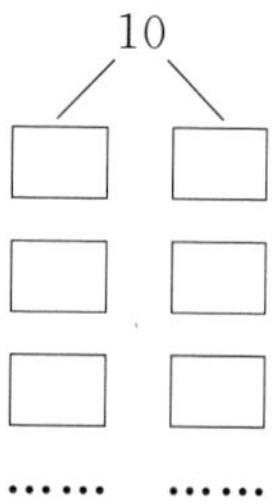

图 2

（1）你得出了几种不同的结果？教师将幼儿的结果按序写在分合式中。

（2）请小朋友数一数我们一共有几种结果。（按照红蓝两色区分共有 9 种不同的结果）

3. 请幼儿用双色纸片进行第二次尝试：把一个数字任意分成两个数。

（1）请幼儿自由选择数字 2～9，用双色纸片尝试分解不同的数字，将每次的结果记录到表格里（如图 1）。

（2）可以比一比谁分解的数字多。

4. 教师和幼儿一起归纳数字 2～9 可以被分成哪两个数，并把结果按序用分合式的方法记录到黑板上（如图 2）。

5. 教师和幼儿讨论分解数的方法，发现两部分数的关系。

（1）引导幼儿观察每个分合式中左边和右边两部分数字从上到下的规律，每部分中数字越来越大，每个数字都比前一个多 1，这就是数字递增的关系；数字越来越小，每个数字都比前一个少 1，这就是数字递减的关系。可以按照这样的方法分解数字。

（2）左右两部分相对应的数字之间存在互补的关系，如果我多 1，你一定少 1。

（3）两个部分数可以互换位置，总数不变。例如把 10 任意分成两个部分数 3 和 7，再把这两个部分数调换，写成 7 和 3，合起来的总数还是 10。

6. 翻开《学习数学准备》分册第 16～17 页，完成练习。

6-2　对称练习：左右对称、上下对称

目标

1. 初步感知图形或图案的对称性。

2. 理解左右对称、上下对称的含义，并能正确地判断图形是否对称。

准备

1. 剪刀、白纸、水彩笔每人一份。

2. 教师准备几个剪好的对称图形，如：等腰三角形、正方形、心

形等。剪出几个不对称的图形。

3. 幼儿知道三角形、正方形等几何图形。

4. 幼儿每人一本《学习数学准备》分册。

过程

1. 通过观察理解对称的含义，能正确判断图形是否对称。

(1)教师出示对称图形，请幼儿说出图形的名称。

(2)教师拿一个图形对折，请幼儿观察两边的部分是相同的。

(3)请几名幼儿尝试把图形对折，发现有的图形能折成相同的两部分，有的图形不能。

教师总结：像这种两边大小、形状一样的，对折后能完全重合的图形，我们叫它对称图形。对称图形可以是左右对称，也可以是上下对称。

(4)请幼儿给对称图形和不对称图形分类。

2. 和幼儿一起在教室内找一找对称的图案和图形，说出对称的部分。

如：一本打开的书、圆形或方形的钟表、毛巾、雪花插片等玩具、勺子、碗等。

3. 翻开《学习数学准备》分册第18～19页，完成练习，交流结果。

4. 引导幼儿剪出对称图形。

(1)教师给幼儿发放剪刀和白纸，示范剪对称图形的方法：把白纸对折，在对折线的一侧画出图形的一半，沿着线条把图形剪下来，把纸打开就得到了一个对称图形。

(2)请幼儿画出喜欢的图形(或图案)，剪出对称图形，涂色。

(3)展示作品并交流。

延伸

1. 把幼儿剪出的对称图形在美工区展示，请大家欣赏。

2. 请幼儿寻找生活中对称的图形，感受对称图形带来的美感。

7-1　认识图形：球体

目标

1. 通过自主操作感知球体的特征，尝试用语言表达球体与其他几何形体的不同。

2. 能找出生活中的球体，体验发现球体的快乐。

准备

1. 幼儿以小组为单位自行计划和商量准备乒乓球、圆形纸片、瓶盖、玻璃球各若干，一份笔和纸。

2. 幼儿每人一本《学习数学准备》分册。

过程

1. 在自主操作的过程中探索球体的基本特征，并记录观察结果。

(1)请每组幼儿介绍都准备了什么材料。

(2)请幼儿从不同的方向观察材料，比较各种材料的形状。

(3)请幼儿用手摸一摸、握一握、捏一捏各种材料，比较不同。

(4)请幼儿把各种材料用不同的方式摆放在桌子上，比较结果的不同。

(5)请幼儿在桌子上滚动各种材料，比较不同。

教师需提醒幼儿，在操作的过程中，每组定一人在纸上记录每次的比较结果。

2. 教师引导幼儿总结观察结果。

幼儿一边说，教师一边把结果用简单的文字或图案以表格的形式记录在黑板上。

(1)乒乓球和玻璃球无论从哪个方向看都是圆形，而纸片和瓶盖只有两个面是圆形。

(2)乒乓球和玻璃球摸起来和握起来都是一样的形状；瓶盖有一点厚度，握在手里的状态不同，感觉也不一样；纸片薄薄的。

(3)乒乓球和玻璃球无论怎么摆放都一样高，瓶盖平放比立放矮很多，纸片只能平放不能立放。

(4)乒乓球和玻璃球可以向任意方向滚动，而瓶盖只能立起来前后滚动，纸片不能滚动。

3. 翻开《学习数学准备》分册第20～21页，引导幼儿概括球体的基本特征，完成练习。

4. 激发幼儿思考并讨论：如果把生活中是球体的物品和圆形的物品互换，是否可以？将会发生什么样的变化？

例如，把圆形的轮子、救生圈、锅盖、硬币、妈妈的戒指换成球形的，是否可以；把篮球、足球、乒乓球、小药丸等换成圆形，是否可以。

教师鼓励幼儿想象，答案无对错之分，请幼儿说出自己的想法和理由。

7-2　认识图形：圆柱体

目标

1. 通过自主操作认识圆柱体的基本特征。

2. 正确辨别生活中的圆柱体，激发学习数学的兴趣。

准备

1. 幼儿以小组为单位自行计划、商量准备空易拉罐、卫生纸纸筒、两端粗细不一样的塑料瓶、小皮球各若干，一支笔和几张纸。

2. 教师准备一个卫生纸纸筒，一个两端粗细不一样的塑料瓶，一把剪刀。

3. 幼儿每人一本《学习数学准备》分册。

过程

1. 在自主操作的过程中探索圆柱体的基本特征，并记录观察结果。

(1)请每组幼儿介绍都准备了什么材料。

(2)请幼儿把这些材料在桌子上滚动，观察各种材料的滚动方式和路线有什么不同。

(3)请幼儿把各种材料立在纸上，用笔画出两端底部轮廓，比较每种材料两端底部形状有什么不同。

(4)教师剪开卫生纸纸筒和塑料瓶的侧面，拉开侧面请幼儿观察它们的形状。

教师需提醒幼儿，在操作的过程中，每组定一人在纸上记录结果。

2. 请每组幼儿分享操作结果。

幼儿一边说，教师一边把结果用简单的文字或图案以表格的形式记录在黑板上。

(1)易拉罐、卫生纸纸筒和塑料瓶只能躺倒了滚动，易拉罐、卫生纸纸筒沿直线滚动，而塑料瓶滚动的时候会向小头的一端拐弯，小皮球可以向任意方向滚动。

(2)易拉罐和卫生纸纸筒两端的形状都是一样大小的圆形，塑料瓶两端是不一样大小的圆形，小皮球无论怎么放在纸上画出的轮廓都是个点(或很小的圆)。

(3)卫生纸纸筒的侧面剪开是个长方形，塑料瓶的侧面剪开是不规则形状。

3. 翻开《学习数学准备》分册第 22～23 页，引导幼儿概括圆柱体的基本特征，完成练习。

延伸

生活中有的东西是球体的，有的东西是圆柱体的，不管是球体还是圆柱体都有它的用处。请幼儿找一找周围有哪些东西是球体或者像球体，哪些东西是圆柱体或者像圆柱体，看一看这些东西会帮助我们解决生活中的什么问题。

8-1　10 以内的序数练习

提示

1. 了解序数的含义，能用序数词“第几”正确表示 10 以内物体排列的次序。

2. 激发探索周围环境中物体所处位置的兴趣。

准备

1. 幼儿能够熟练地从 1 数到 10。

2. 幼儿每人一本《学习数学准备》分册。

过程

1. 做游戏，引导幼儿感知物体在序列中的位置。

(1)任选几名幼儿排成一路纵队，人数不超过 10 人。从排头的幼儿开始报数直至最后一名。

教师请其余幼儿回答：“一共有多少个小朋友排队?”“谁排在第 1?”“××排在第几?”“排第 3 的是谁?”“排第 8 的是谁?”

教师引导幼儿思考：从排头数 5 个小朋友和第 5 个小朋友是一个意思吗？分别是什么意思？

教师总结：像“第 1，第 2，第 3……”这样表示顺序的数，我们叫作序数，是指你在队伍中的位置。它的顺序可以由小到大，也可以由大到小。

(2)请这队幼儿向后转身，确认谁是排头，从排头的幼儿开始报数直至最后一名。

教师请幼儿回答步骤(1)的问题。

(3)教师请幼儿回答并讨论："刚才排第3的是谁?""现在队伍中排第3的是谁?"或"刚才××排第几?""现在××排第几?""为什么两次的结果不一样?"

教师总结：序数从不同的方向数，得出的结论就不同。

(4)可多做几次游戏，每次排队幼儿人数不同。

2. 翻开《学习数学准备》分册第24～25页，完成练习，交流结果。

3. 巩固练习，用"第几"说一句话。

请幼儿结合生活经验，用"第几"说一句话，加深认识。教师可举例，如：现在我们上的是第×节课。请能力强的幼儿自主造句，对于能力弱的幼儿教师可用提问的方式引导幼儿造句。

延伸

自主游戏：关灯。教师在一张大纸上画出10×10的方格，在纵、横坐标轴上注明数字1～10。向幼儿说明游戏规则：这是一座10层的大楼，每层都有10个房间，每个小格子代表一个房间。白天房间里的灯都还亮着，请小朋友帮助大楼管理员把房间里的灯关闭，节约用电。老师说"请关闭第几层第几个房间的灯"，就请小朋友用横着数一数，竖着数一数的方法找到这个房间，用笔把这个房间涂上颜色，表示把灯关闭。

教师引导幼儿游戏几次，然后请幼儿自主游戏，一名幼儿发出"关灯"的指令，另一名幼儿或其余幼儿轮流"关灯"，直到所有房间的灯全部关闭。

也可直接用作文纸、稿纸、练字纸等替代自己画格。

8-2　说一说：从11数到20

目标

1. 正确地数出11～20之间物体的个数，知道这些数是由1个十和几个一组成的。

2. 掌握 20 以内数的顺序和大小。

准备

1. 幼儿会从 1 数到 20。

2. 幼儿认识数字 11～20。

3. 教师和幼儿每人准备 20 张小圆纸片，2 个曲别针。

4. 幼儿每人一本《学习数学准备》分册。

过程

1. 复习导入。

教师：谁能按顺序说一说，以前我们都认识了哪些数？（幼儿可能会按从小到大的顺序数出）谁能再倒着数一数？

教师：如果让你数一数今天全班一共有多少名男生，多少名女生，你会数吗？谁来试着数一数？

教师：看来咱们班男生(女生)的人数超过了 10，我们只认识 10 以内的数是不够的，生活中经常会用到比 10 大的数，今天我们就一起来学习 11～20。

2. 学习 11～20 数的组成。

(1)建立计数单位“十”。

教师一边演示一边带领幼儿一张一张地数出 10 个小圆纸片，凑成一沓。提问：这一沓里有多少张小圆纸片？

教师用曲别针把 10 张小圆纸片夹在一起，说：一沓就是 1 个 10，也就是 10 个 1。

教师在黑板上写出“1 个 10＝10 个 1”。

(2)请幼儿拿出准备好的小圆纸片，数出 10 张，并用曲别针夹好一沓。

3. 实物操作，渗透 11～20 的概念。

(1)教师向幼儿演示，一手拿着一沓小圆纸片，另一手又拿一张小圆纸片，请幼儿说出一共是多少张。一直添加小圆纸片数到 19。

(2)教师再添加一张小圆纸片引导幼儿数到 20，说：现在又凑够 10 张了，我们可以把它们怎么办？（用曲别针夹成一沓）

教师：现在有几沓了？（两沓）两沓就是两个什么？（两个 10）两个 10 是多少？（20）20 里有几个 10？（两个 10）

(3)请幼儿用自己的小圆纸片数出 20 张。

4. 认识11～20各数的组成。

(1)教师：现在老师想考考你们了，我说出一个数，看谁能用手里的小圆纸片摆得又快又正确。(12人)

幼儿在桌子上摆，教师巡视。

(2)请幼儿展示，说一说是怎么摆的。

教师边演示边总结：要摆出12张，我们只要先摆1沓，再摆2张就行了。简单地说就是：1个十和2个一合起来就是12。

(3)请幼儿摆出11张、14张、17张小圆纸片，教师巡视。

5. 翻开《学习数学准备》分册第26～27页，完成练习。请幼儿说出每个数是由几个十和几个一组成的。

9-1　二等分：吃月饼

目标

1. 理解二等分的含义，感知许多物体可以分成相等的两份。

2. 尝试运用等分的方法解决生活中的问题，感受生活中的数学。

准备

1. 教师为幼儿准备圆形、正方形、三角形、梯形、六边形等对称图形，剪刀。图形材料和剪刀的数量为每两名幼儿一份。

2. 等分成两半的心形、椭圆形等对称图形一份。

3. 故事《两只笨狗熊》。

4. 幼儿每人一本《学习数学准备》分册。

过程

1. 欣赏故事《两只笨狗熊》，初步接触二等分。

狗熊妈妈有两个孩子，一个叫大黑，一个叫小黑，他们长得挺胖，可是都很笨，是两只笨狗熊。

有一天，天气真好，哥儿俩手拉手一起出去玩儿。他们走着，走着，忽然看见路边有一块圆圆的饼，捡起来闻闻，嘿，喷喷香。可是只有一块饼，两只小狗熊怎么吃呢？大黑怕小黑多吃一点，小黑也怕大黑多吃一点，这可不好办呀！

大黑说："咱们分了吃，可要分得公平，我的不能比你的小。"

小黑说："对，要分得公平，你的不能比我的大。"

哥儿俩正闹着呢，狐狸大婶来了，她看见饼，眼珠骨碌碌一转，说："噢，你们是怕分得不公平吧，让大婶来帮你们分。"哥儿俩说："好，好，咱们让狐狸大婶来分吧。"

狐狸大婶接过饼，恨不得一口吞下去，可是她没有这样做，一下子把饼分成两片，哥儿俩一看，连忙叫起来："不行！不行！一块大，一块小。"

狐狸大婶说："你们别着急，瞧，这一块大一点吧，我咬它一口。"狐狸大婶张开大嘴巴"啊呜"咬了一口，哥儿俩一看，又叫起来了："不行，不行，这块大的被你咬了一口，又变成小的了。"

狐狸大婶说："你们急什么呀，那块大了，我再咬它一口吧。"狐狸大婶张开大嘴巴又"啊呜"咬了一口，哥儿俩一看，急得叫起来："那块大的被你咬了一口，又变成小的了。"

狐狸大婶就这样这块咬一口，那块咬一口，饼只剩下小手指头那么一点儿了。她把一丁点大的饼分给大黑和小黑，说："现在两块饼都一样大小了，吃吧，吃吧，吃得饱饱的。"

大黑和小黑你看看我，我看看你，一句话也说不出来。

小朋友说说看，他们是不是两只笨狗熊？

(1)教师：假如你为大黑和小黑分饼，能分得一样大吗？

教师出示圆形图案：老师这里也有一张圆形的饼，小朋友们能给它分成一样大的两份吗？

(2)请幼儿尝试把圆形二等分。

教师：请小朋友想一想该怎么分，你是怎么知道分开的两份是一样大的？

请幼儿发言，充分表达想法后，请一名幼儿上前演示。

(3)教师总结把圆形二等分的方法，让幼儿感知二等分的含义。

把圆形对折就得到一条中心线，沿中心线剪开就得到了两个一样大的半圆形，这就是二等分。

教师把两个半圆形完全重叠，让幼儿确认是两个完全一样大的图形。

2. 幼儿尝试给不同的图形二等分。

(1)幼儿两人一组，教师发放操作材料。

教师：这里还有很多不同形状的大饼，请小朋友两人一组，合作把这些大饼都分成相同的两份吧。

幼儿操作，教师巡回指导，鼓励幼儿探索每种形状的不同分法。

(2)请幼儿分享并演示自己的方法。

3. 翻看《学习数学准备》分册第 28 页，请幼儿讨论在实际生活中，用什么方法能把一个月饼分成相同的两份。完成第 29 页的练习。

延伸

请幼儿开动脑筋思考：今天我们学习了把圆形二等分，如何把一个圆形四等分、八等分呢？又该怎么做？

教师可以和幼儿一起剪出圆形纸片，供幼儿探索操作。

9-2　部分与整体

目标

1. 在尝试性的操作和判断活动中初步感知整体和部分的关系。

2. 发展观察、比较和判断的能力。

准备

1. 教师准备一张大的动物图画(大型动物效果较好，如大象)；几张圆形纸片，红色水彩笔，剪刀。

2. 幼儿每人一本《学习数学准备》分册。

过程

1. 教师带领幼儿玩拼图游戏，让幼儿感知整体与部分。

(1)教师出示动物图，请幼儿观察画面，说出动物名称及画面细节。

(2)教师：现在我们来做个游戏，老师把这张图裁成四小块(可剪成大小不相等的不规则图形)，分给四位小朋友每人拿一小张，看这四位小朋友能不能把图拼回原来的样子。

(3)教师剪成四块，请幼儿拼图，教师指导，并让幼儿说一说是如何拼的。

教师总结：我们把一张张小图拼贴起来又变成和原来一样的大图了。

(4)再请四位幼儿重新以最快的速度组合一次。

2. 教师引导幼儿理解整体是由部分组成的。

(1)教师：如果我们把这一张大图看成是一个整体，刚才老师就把这个整体分成了四部分，然后又请小朋友把这四部分组合起来成为一个整体。

(2)请幼儿给每张小图片起个名字。

如：大象的鼻子、大象的脑袋、大象的身体、大象的尾巴。

教师：大象的鼻子就是这个整体的部分。还有别的部分吗？引导幼儿说出整体的其他部分。

(3)教师出示圆形纸片，给圆的一部分涂色，请幼儿观察。

部分涂色，如：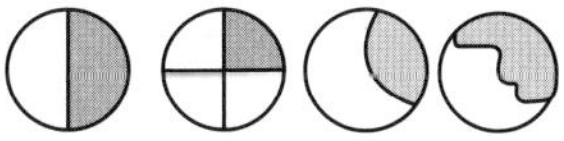

教师引导幼儿回答：我把一个圆看作一个整体，涂色部分是圆的部分，空白部分也是圆的部分。

3. 教师结合生活，具体说明整体与部分的关系，加深幼儿理解。

(1)教师：我们班由男生和女生组成，如果把我们班看作整体，那什么是部分呢？

教师引导幼儿说出所有男生和女生都是部分，一个小朋友也是部分，×××小朋友就是这个整体的部分等。

教师：如果我们幼儿园是整体，那什么是部分呢？如果一个小朋友是整体，那什么是部分呢？

教师引导幼儿思考并回答。

(2)请幼儿用教室内实物举例说明整体与部分。

4. 翻开《学习数学准备》分册第30页，完成练习。

延伸

教师鼓励幼儿玩拼图游戏，或自制拼图玩具，在探索整体与部分关系的过程中，发展初步的空间概念。

10-1　20以内单双数练习

目标

1. 理解单数、双数的概念，发现单数和双数的规律。

2. 认识20以内的单双数。

准备

1. 之前做好的“数量卡片”，记号笔。

2. 幼儿每人一本《学习数学准备》分册。

过程

1. 复习 20 以内的顺数倒数的方法。

顺数：1～20(从小到大的顺序)。

倒数：20～1(从大到小的顺序)。

2. 教师通过“找朋友”的游戏，引入单双数的概念。

(1)请 6 名幼儿到前面来玩找朋友的游戏，每人找到一个好朋友并拉手。教师和其余幼儿一起唱：找呀找呀找朋友，找到一个好朋友，敬个礼握握手，你是我的好朋友，再见。

请幼儿回答是不是每个人都找到了好朋友，有几组好朋友。

(2)重新请 7 名幼儿到前面来玩“找朋友”的游戏，每人找到一个好朋友并拉手。

请幼儿回答有几组好朋友，这次是不是每个人都找到了好朋友。

(3)请幼儿比较两次“找朋友”的结果有什么不用。

教师总结：6 个小朋友都找到了好朋友，没有剩下的，6 就是一个双数。7 个小朋友找到了三组好朋友，有一个剩下的，7 就是单数。

3. 教师引导幼儿学习 10 以内的单双数。

(1)教师按顺序逐一出示“数量卡片”，请幼儿上前用记号笔给卡片中的图案“找朋友”。

教师：今天老师又带来了大家制作好的“数量卡片”，现在我请小朋友来给卡片上的小动物找朋友，用笔把它们两个一组、两个一组地圈画出来，哪位小朋友愿意来试试?

(2)请幼儿用画圈或连线的方式分别在“数量卡片”上做标记。每标记完一张卡片，请全体幼儿检查是否正确，说出是否卡片上所有小动物都找到了好朋友，找到了几组好朋友，是否有剩下的，剩下了几个。

教师分两组记录数字 1、3、5、7、9 和 2、4、、6、8、10。

(3)教师总结：1、3、5、7、9 总有一个被单独剩下了，没有找到好朋友，所以它们都是单数。2、4、6、8、10 都找到了好朋友，没有剩下的，它们都是双数。

4. 学习 20 以内单双数，发现规律。

(1)教师在黑板上写出数字 1～20，第一行写数字 1～10，第二行对应着写数字 11～20。

教师：请小朋友们看 11～20 各数，你发现了什么？

请幼儿对照着上下两行数字观察，并发现：11 后面的数也是 1，12 后面的数也是 2，……

(2)教师总结：11～20 判断单数或者是双数时，看两位数后面的那个数。后面的数是 1、3、5、7、9，这个两位数就是单数；后面的数是 2、4、6、8、0，这个两位数就是双数。

5. 看数字，判断单双数。

教师在黑板上任意写出 20 以内的数字，让幼儿判断单双数。

6. 翻看《学习数学准备》分册第 31 页，完成练习。

延伸

教师设计一个情境：奥运会时，北京市实行交通限行，单号的日子让尾号为单号的车辆出行，双号的日子让尾号为双号的车辆出行。请幼儿在生活中观察汽车车牌号，并思考今天的日期是什么，如果当地实行单号/双号限行，有哪些车牌号的车今天能出行。

10-2　规律分析：漂亮的串珠

目标

1. 探索和发现各种不同的排序规律，体验操作的乐趣。

2. 感受规律的存在和美感。

准备

1. 幼儿有打节奏的经验，有随着节奏做动作的经验。

2. 幼儿每人一本《学习数学准备》分册。

过程

1. 玩游戏，感知规律。

(1)教师：请小朋友们先跟老师来玩一个游戏，游戏的名字叫“动作接龙”。老师说节奏，请大家认真看老师的动作。

教师口念：嘣嚓嚓、嘣嚓嚓、嘣嚓嚓。动作对应：击掌拍肩拍肩、击掌拍肩拍肩、击掌拍肩拍肩。

教师：谁能接着老师的动作做？……他做得对吗？再来一组动作，谁还愿意试试？

(2)教师口念：前前后后左左右右、前前后后左左右右、前前后后左左右右。

动作：在相应的位置击掌两次。

教师：谁能接？……他做得对吗？

教师：大家都会玩这个游戏了吗？你是怎么想到接老师的动作的？

(3)请幼儿设计节奏并做出相应的动作，请其他幼儿跟着做。

(4)教师总结：像这样按照一定的节奏和顺序重复的动作或事物就是规律。

2. 幼儿翻开《学习数学准备》分册第 32 页，教师指导幼儿完成练习。

(1)请幼儿观察左侧第一列彩色纽扣，说说发现了什么。(颜色、图案)猜一猜接下来的应该是什么图案，在右侧找一找。

(2)请幼儿独立完成练习，并说一说结果。

3. 幼儿自主设计规律并排序。

在规定的时间内(如 3 分钟)请幼儿以小组为单位，在教室里进行排序练习。如：给玩具、图书、椅子、杯子等物品排序，一组幼儿以规律重复的动作或声音排序等。请幼儿分享排序结果，说说排序规律，看看哪一组的规律更巧妙。视课堂时间可以多做几次该练习。

11-1　规律排序：谁站错了位置

目标

1. 能自主设计规律，探索按多种规律排序。

2. 对思维训练活动感兴趣，能用正确的语言说出排列规律。

准备

1. 教师按照 121212 的规律画出红蓝两种颜色的小旗；按照 112112112 的规律画出大小圆形。

2. 教师和幼儿共同制作圆形、三角形、方形纸片若干，由教师统一收集。

3. 请幼儿观察并找出生活中的规律(图片或现象)，准备好与同伴交流。

4. 幼儿每人一本《学习数学准备》分册。

过程

1. 教师和幼儿交流分享生活中的规律。

教师请幼儿展示图片或讲述看到的现象，说出都是按照什么规律排列的，分享生活中发现的规律，感受规律排列的美。

2. 教师引导幼儿设计规律密码。

(1)教师出示画好的小旗，请幼儿说出排列规律。

例如，按照一面红色旗、一面蓝色旗、一面红色旗、一面蓝色旗……的规律排列。

按照红蓝、红蓝、红蓝的规律排列。

(2)教师：看来小朋友们很容易就看出来了小旗子排序的规律，现在老师要给这个规律设计一个神奇的密码，以后不管是什么形状、什么颜色的图案，只要一看这个密码，就知道它们的排列规律了。

教师：把红色旗用数字 1 表示，蓝色旗用数字 2 表示，现在请小朋友们看一看，按照旗子颜色的排列该怎么用数字 1 和 2 表示呢？

教师：121212……就是小旗子的密码了。(教师一边说一边将密码写在黑板上)

(3)出示画好的大小圆形，请幼儿观察并说出排列顺序。

(4)引导幼儿用数字 1 和 2 给圆形设计规律密码。(提醒幼儿想好谁是 1，谁是 2)

(5)教师总结：112112112……就是大小圆形排列的密码。(将密码写在黑板上)

3. 幼儿尝试设计规律密码。

(1)教师给幼儿发放圆形、三角形、方形纸片材料。第一次请幼儿任意用两种图案自行设计规律进行排序，并用数字 1 和 2 说出规律密码。第二次请幼儿再用两种图案换一种规律进行排序，并用数字 1 和 2 说出密码。

教师引导幼儿用正确的语言表达，如：我是用圆形和三角形排列的，1 代表圆形，2 代表三角形，规律是 122122.

(2)请幼儿用三种图案自行设计规律进行排序，并用数字 1、2 和 3 说出规律密码。

教师引导幼儿用正确的语言表达自己的图形排序和设计的密码。

该练习可请幼儿用不同的规律多做几次。

4. 幼儿根据密码排列图形。

(1)教师写出不同密码，请幼儿用自己手中的图形，按照密码进行排序。

(2)请幼儿用图形展示自己是怎么做的。

(3)请一名幼儿设计密码，全体幼儿按照密码排列图形。

5. 幼儿翻开《学习数学准备》分册第 33 页，完成练习。

教师可提醒幼儿，可以根据密码先自行把小动物进行几组排序，再对照图中的小动物，就很容易找到站错位置的小动物了。

延伸

给妈妈设计一条围巾，给爸爸设计一顶帽子，用彩色铅笔或不同的图案给围巾和帽子按照规律画上好看的花边。

11-2　看图找算式：10 以内的加减法

目标

1. 巩固 10 以内的加减法运算。

2. 发展抽象思维能力。

准备

1. 教师准备 2 支红色蜡笔，4 支蓝色蜡笔。

2. 幼儿准备练习本和笔。

3. 幼儿有用实物进行 10 以内加减法的经验。

4. 幼儿每人一本《学习数学准备》分册。

过程

1. 教师带领幼儿用实物练习列算式，复习 10 以内的加减法运算。

(1)教师出示蜡笔，请幼儿观察，数一数蜡笔的数量，说出每种颜色的蜡笔有几支。

(2)根据题目列出加法算式并计算。

教师：这里有 2 支红色蜡笔，4 支蓝色蜡笔，如果我们想知道一共有几支蜡笔，该用哪种算式？(加法算式)

请小朋友们在本子上列出算式，看看能列出几种算式？

(3)请幼儿分别说一说列出的算式。

幼儿一边说教师一边将算式写在黑板上。

教师引导幼儿正确念出算式并说出算式的含义，如：算式 2＋4＝6，表示 2 支红色蜡笔加上 4 支蓝色蜡笔，一共有 6 支蜡笔。也会有幼儿列出算式 4＋2＝6，教师引导幼儿思考：算式 2＋4＝6 和 4＋2＝6 有什么异同(两个数相加，位置交换，结果不变)。

(4)根据题目列出减法算式并计算。

教师：这 6 支蜡笔，现在我需要把 2 支红色蜡笔拿走，还剩几支蜡笔？如果不拿红色蜡笔，我把 4 支蓝色蜡笔拿走呢？请小朋友们先自己在本子上列出算式。

(5)请幼儿分别说一说列出的算式。幼儿一边说教师一边将算式写在黑板上。

教师引导幼儿正确念出算式并说出算式 6－2＝4 和 6－4＝2 的含义。

2. 翻开《学习数学准备》分册第 34 页，教师指导幼儿完成练习，在练习本上计算出结果，并用语言正确表达算式的含义。

12-1　看图写算式：10 以内的加减法

目标

1. 能根据图画内容列出正确的算式，理解加减法在生活中的应用。

2. 发展抽象思维能力和心算能力。

准备

1. 教师和幼儿一起制作“商品卡片”：在一张长方形卡片上画上一种物品，写上价格。(如：画一顶帽子，旁边写 3 元。商品价格为 1 元到 9 元)“商品卡片”的数量不能少于全班幼儿总数，表示价格的数字必须包括 1～9，不能有遗漏。本节课开始前，教师将所有“商品卡片”放进一个不透明的大袋子里。

2. 教师为每名幼儿制作面值 10 元的购物卡。

3. 幼儿每人一本《学习数学准备》分册。

过程

1. 幼儿玩游戏“破译电话号码”，练习 10 以内数的加减法。

教师：我们都已经是大班的小朋友了，都会打电话了，如果想给老师打电话该怎么办呢？首先要知道老师的电话号码。不过老师的电话号码已经被设置了密码，号码中的每个数字都被算式代替了。现在请小朋友们动动脑筋，算出每道算式的结果，就能把老师的电话号码成功破译了。

教师根据自己的电话号码设计加减法，按照顺序写在黑板上，让幼儿计算出结果，将数字对应写出。

2. 打开《学习数学准备》分册第 35 页，教师指导幼儿完成练习。教师引导幼儿用语言正确描述每幅图的内容及列出的算式的含义。

3. 玩游戏“超市购物”，幼儿体验用加减法解决生活中的问题。

(1)教师向幼儿发放 10 元购物卡，请幼儿从不透明的大袋子中摸出一张“商品卡片”，根据卡片上的数字在练习本上列出算式。

(2)请幼儿说说列出算式的理由。如：10－3＝7 或 3＋7＝10

(3)请 1 名幼儿说出自己的购物设想，让其他幼儿猜测。

如：我用 10 元钱在超市买了 1 件商品，还剩下 8 元钱，猜猜买了什么？为什么？

延伸

在活动区开展“礼品商店”游戏，教师引导幼儿在游戏活动中进行 10 以内的加减练习。

12-2 面积守恒：分巧克力

目标

1. 学习用数格子的方法，测量、比较图形面积的大小。

2. 知道一个大图形可以由多个小图形组成。

准备

1. 教师和幼儿用纸共同制作出相同大小的小等腰三角形若干。

2. 教师用硬纸板制作出正方形、长方形、梯形模板若干。这三种图形的面积都等于 4 个小三角形。如：

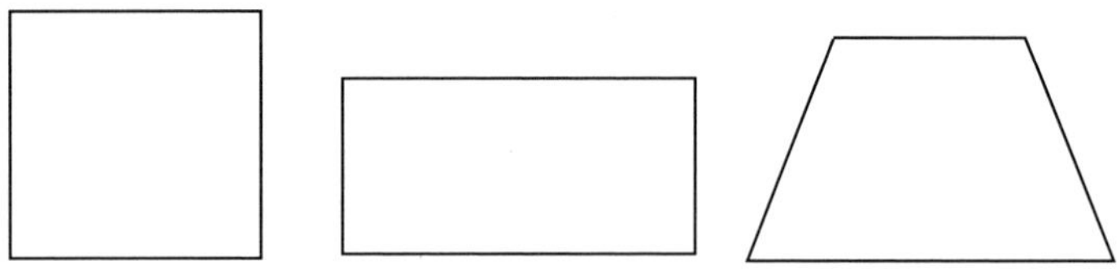

3. 幼儿每人一本《学习数学准备》分册。

过程

1. 设置情境，激起幼儿兴趣。

(1)教师：有三个小朋友用三角形的积木拼出了不同的图形，他们都说自己拼的图形大，谁都不服气，请咱们班的小朋友给评评理。

教师出示正方形、长方形、梯形模板，请幼儿观察，说一说这些是什么图形，哪个图形更大。

(2)教师：老师也给大家准备好了一些三角形，请你们也试着拼出图形吧。

教师向每组幼儿发放若干三角形(每组的三角形不少于12个)，请幼儿观察、比较三角形的大小。(由于幼儿前期参与了三角形的准备过程，较容易通过重叠的方法得出三角形是一样大小的结论)

2. 比较图形大小，感知面积守恒。

(1)教师向每组幼儿发放正方形、长方形和梯形模板，请幼儿用三角形在模板上拼出相应的图形。教师巡回指导，鼓励幼儿自由探索，尝试如何将四个三角形不重复、不覆盖地放入这两个图形中，让幼儿探索拼摆方法，合作完成。拼摆结束后提醒幼儿观察每个模板是由几个三角形拼成的。

(2)请幼儿展示是如何用三角形拼出正方形、长方形和梯形的，说一说各用了几个三角形，每个图形是用什么方法拼的。

(3)请幼儿思考三个图形是一样大的吗，为什么。

拼摆每个图形都用了四个三角形，所以三个图形是一样大的。

(4)教师总结：用同样的四个三角形拼成了正方形，又拼成了长方形和梯形，形状变了，但大小没有变，它们是一样大的。

3. 翻开《学习数学准备》分册第36～37页，完成练习。

(1)请幼儿讨论第36页图画中每个小朋友分到的巧克力是不是一样多的，为什么。引导幼儿用数小方块的方法比较出每人手中巧克力的多少。

(2)请幼儿独立完成第37页的练习，并分享自己的方法。

延伸

请幼儿试一试用相等数量的三角形和正方形拼出更多不一样的图形，比较它们形状的不同，发展幼儿的逻辑思维能力和空间想象能力。

13-1　20以内的序数练习

目标

1. 巩固20以内的数字排序。
2. 感知序数的方向性，会用“第几”准确地表示其在序列中的位置。

准备

1. 教师准备五张不同的数字序列卡，如：

1→2→3→□→5→6；

8→□→10→11→□→13→14；

13→14→□→□→17→□→19→20；

6→8→10→□→14→16→□；

5→□→9→11→□→15→□→19。

2. 教师准备两套1～20的数字卡片。
3. 双面胶。
4. 幼儿每人一本《学习数学准备》分册。

过程

1. 复习20以内的数字排序。

(1)教师逐一出示前三张数字序列卡和数字卡片，请幼儿观察并思考空格里的数字应该是几，请一名幼儿从数字卡片中选出正确的数字，教师协助用双面胶将该数字卡贴在空格中。请幼儿说一说是用什么方法选出这个数字的。

教师总结：数字从左到右按照从小到大的顺序排列，观察空格前后的两个数字，空格里的数字应该比左边的数字大1，比右边的数字小1。

(2)教师出示偶数序列卡和奇数序列卡，请幼儿观察数字排列的规律，思考空格里的数字应该是几，请一名幼儿从数字卡片中选出正确的数字，教师协助用双面胶将该数字卡贴在空格中。请幼儿说一说是用什么方法选出这个数字的。

教师引导幼儿明确偶数序列和奇数序列。

2. 翻开《学习数学准备》分册第38～39页，完成练习。

(1)幼儿观察画面中的小动物，说说都有什么小动物，发生了什么事，数一数一共多少只小动物买票。

(2)从窗口开始数，请幼儿按顺序说出每只小动物的位置。教师先说第一只：小熊排在第一位，然后请幼儿接着依次往下说，每位幼儿说出一只小动物的位置，说到最后一只小动物后，下一位幼儿重新开始说第一只小动物的位置，直到全班幼儿都说完为止。

(3)教师打乱数字卡片，并把有数字的一面冲下，请幼儿选择一张卡片，抽到数字几，就从画面中找出站在相应位置的小动物，并用完整的语言说出它的位置。

(4)引导幼儿独立完成第 39 页的练习，交流结果。

延伸

教师和幼儿一起玩开火车的游戏：教师扮演火车头，带领幼儿排成圆圈，一边走一边说：(咔嚓咔嚓咔嚓咔嚓，火车出发了。火车火车我问你，你到哪里去？带着我们一起玩游戏。)火车到站了，教师问：我后面的第 4 个小朋友是谁，请大家喊出他的名字。我前面的第 3 个小朋友是谁，请他跳一跳。

请不同的幼儿扮演火车头，多玩几次。

13-2 认识图形：正方体

目标

1. 运用观察比较的方法感受平面图形与立体图形的区别。

2. 感知正方体，知道它的名称和显著特征。

准备

1. 教师和幼儿提前收集正方体玩具，如魔方。

2. 教师和幼儿剪出相同大小的正方形纸片若干，教师收集好。

3. 教师准备一个正方体的展开图形，每个面和正方形纸片的大小一样。用笔画出平面图的折线处，并沿折线折成正方体，用透明胶带轻轻粘好，不散开即可。

4. 幼儿每人一本《学习数学准备》分册。

过程

1. 复习正方形的特征。

教师向幼儿发放正方形纸片，每人一张。教师引导幼儿通过折一折、比一比的方法，说出正方形的特点：四条边一样长，四个角一样大，对边折或对角折都能对齐。在操作中幼儿可能无法说明“对边折与对角折”的方法，教师可以折纸演示告诉他们，让幼儿说出对边折与对角折都能对齐的特征。

2. 教师出示魔方，引导幼儿观察每一个面，初步比较正方形和正方体有什么异同，感知正方体的特征。

魔方的每一个面都是正方形，正方形是扁扁的，只能躺在桌子上；魔方高高的，可以站在桌子上。

教师总结：正方形是平面图形，魔方是立体图形，叫作正方体。

3. 认识正方体。

(1)教师出示正方体，请幼儿观察并正确说出名称：正方体。

(2)教师展开正方体，引导幼儿数一数展开的图形是由几个正方形组成的，有什么办法能知道每个面的大小是否一样。(利用手中的正方形纸片比一比，会发现每个面都和正方形纸片一样大)

分别请几名幼儿拿着自己的正方形和正方体的每一个面重叠，比一比大小。

(3)教师再次将展开图形折成正方体，引导幼儿总结正方体的特征：立体图形，有六个面，每个面都是一样大的正方形。

4. 翻开《学习数学准备》分册第 40 页，请幼儿看图说一说正方体的特征，加深了解。

延伸

请幼儿寻找并观察生活中是正方体的物品。

14-1　认识图形：长方体

目标

1. 能说出长方体名称，认识它的主要特征，能区分正方体和长方体。

2. 进一步巩固对正方形和长方形的认识，能运用观察、比较的方法感受平面图形与立体图形的不同，发展空间知觉。

准备

1. 教师准备正方形和长方形纸板各一个，一个魔方(或别的正方体玩具)。

2. 每名幼儿准备一个牙膏盒。

3. 幼儿每人一本《学习数学准备》分册。

过程

1. 复习巩固认识正方形和长方形。

教师分别出示正方形和长方形纸板，让幼儿说出它们的相同和不同的特征。

2. 巩固对正方体的认识。

(1)教师出示魔方，请幼儿回忆并说出正方体的特征：有六个面，每个面都是一样大的正方形。

(2)请幼儿举例说出在生活中发现的正方体物品。

3. 认识长方体。

(1)请幼儿观察自己带来的牙膏盒，说说牙膏盒的外形特征，数一数有几个面，都是什么形状的。

(1)教师引导幼儿总结：牙膏盒是长方体；长方体有六个面，其中四个面是长方形，两个面是正方形。

4. 翻看《学习数学准备》分册第 41 页，完成练习。

请幼儿对照图中内容再次观察自己的牙膏盒，加深理解。

延伸

请幼儿找出教室里哪些玩具是正方体，哪些是长方体，比较它们的形状差异。

14-2　数的运算：用了多少钱

目标

1. 巩固 10 以内的加法运算。

2. 发展用数学解决生活中实际问题的能力，体验数学在生活中的重要性。

准备

1. 一套之前做好的“商品卡片”，商品价格包含数字 1～9。

2. 双面胶。

3. 幼儿每人一本《学习数学准备》分册。

过程

1. 教师调动幼儿生活经验，引入活动内容。

(1)教师：小朋友们，如果我们在商店里买东西，想知道一共花了多少钱，应该怎么办呢？该用什么算式呢？

(2)教师出示“商品卡片”，用双面胶将卡片按顺序粘在黑板上，带领幼儿做购物游戏。

教师：今天老师又把之前大家一起做好的“商品卡片”拿出来了，请小朋友们先看一看卡片上都是什么商品。

教师：请小朋友们买两样东西，总价格为 6 元，你会买吗？

幼儿给出多种购物选择，教师将幼儿每一种购买方法在黑板上演示出来。

教师：他买的对吗？还有不一样的买法吗？

教师：原来 6 元钱能买这么多样东西，你们可真会动脑筋。

(3)同样，可以让幼儿任选两样总价格为 7 元、8 元、9 元、10 元的两样东西，可分别请幼儿将加法算式写在黑板上，看一看一共能写出多少种算式。

2. 翻开《学习数学准备》分册第 42～43 页，完成练习。

请幼儿先熟悉第 42 页画面中的商品，说一说每种商品的价格，再完成第 43 页的练习。请几名幼儿上前演示算式和结果。

15-1　数的运算：剩了多少钱

目标

1. 巩固 10 以内的加减法运算。

2. 发展用数学解决生活中实际问题的能力，体验数学在生活中的重要性。

准备

1. 教师与幼儿制作面额为 1 元、2 元、5 元、10 元的纸币若干。教师收集起来。

2. 布置“小超市”：整理班里的玩具，将同样的玩具收集在一起，摆在玩具柜上，分别贴上 1～9 元的价格标签。

3. 若干骰子，若干盘子。

4. 幼儿每人一本《学习数学准备》分册。

过程

1. 掷骰子游戏。

(1)将幼儿分成几组，每组桌子上发一个骰子、一个盘子，教师将1元、2元、5元若干分别放在每组的盘子里。

(2)教师介绍游戏规则。

教师出示骰子：小朋友看，这是什么？(骰子)上面有什么？(让幼儿数一数每个面有几个点)

教师：我们来玩掷骰子游戏，每组小朋友轮流掷一次，掷到数字几你就从盘子里拿出与点数一样的钱，如：我掷到点数是4，就拿4元钱。

(3)幼儿轮流掷骰子，取相应数字的钱币。

(4)交流。

教师：说说你掷到数字几，拿了几元钱，是几元钱和几元钱合起来的？

幼儿：4元钱，是两个1元和一个2元合起来的。

2. 用10元以内的钱买东西。

(1)教师：咱们班里的小超市开业了，请小朋友们先去超市里看看都有什么商品，每样商品多少钱。刚才我们用掷骰子的办法获得了一些钱，现在请你们用自己手里的钱去买东西吧。

(2)幼儿根据手中的钱数去“小超市”买东西，买完后拿着商品回到座位。请幼儿分享交流买东西的过程，说一说用几元钱买了什么东西，想买什么，自己的钱够不够等。

(3)请幼儿想一想自己掷骰子获得的钱还差几元就够10元钱了，如果有10元钱，除了已买到的商品，还能买些什么。

3. 翻开《学习数学准备》分册第44～45页，完成练习。

请幼儿先熟悉第44页画面中的商品，说一说每种商品的价格，再完成第45页的练习。请几名幼儿上前演示算式和结果。

延伸

幼儿将制作好的钱币放在游戏区，请幼儿继续开展“超市购物”的游戏。教师根据幼儿兴趣和能力建议新的游戏规则。

1. 每名幼儿掷两次骰子，将两次的点数相加，取出相应数字的钱。用这些钱去买东西。

2. 如果用 15 元钱买三样东西，该怎么买？如何用 20 元钱买三样东西等。

15-2　看图编题 1

目标

1. 知道什么是应用题，初步尝试编加法应用题。

2. 发展分析问题和解决问题的能力，发展逻辑思维能力。

准备

1. 教师准备 2 支红色铅笔、3 支蓝色铅笔。

2. 幼儿每人一本《学习数学准备》分册。

过程

1. 复习 10 以内数的组成与分解。

请幼儿轮流按顺序说出数字 2～10 的分解，每名幼儿说一个数字。如：2 可以分成 1 和 1。

2. 初步了解应用题。

(1)教师出示 2 支红色铅笔，说：手里有几支红色铅笔？引导幼儿观察并回答。教师又出示 3 支蓝色铅笔，说：还有几支蓝色铅笔？(还有 3 支蓝色铅笔)引导幼儿用“一共”提出问题。(一共有几支铅笔？)

(2)教师：现在老师用数字 2 和 3 以及你们提出的问题编一道加法应用题，请小朋友们仔细听。

教师边用铅笔演示边讲：我手里有 2 支红色铅笔，还有 3 支蓝色铅笔，一共有几支铅笔？

(3)请幼儿将算式写在黑板上。

(4)请幼儿试着把应用题说一遍。

(5)初步了解应用题的概念。

教师分析：这道题叫应用题。应用题必须讲一件事情，刚才这道应用题讲的事情就是：我手里的铅笔。今天我们要编的是加法应用题，这里要有两个数字，比如 2 支红色铅笔和 3 支蓝色铅笔，也就是数字 2 和 3。最后还要提出一个问题，一共有几支铅笔？这样，应用题就编好了。

3. 尝试编加法应用题。

(1)教师：今天我们先练习编加法应用题。这次老师先说出发生了什么事，请小朋友们想一想该怎么提出问题。

教师：明明上午吃了 4 块饼干，下午又吃了 6 块饼干。

引导幼儿用“一共”提出问题：明明一共吃了几块饼干？

教师将算式写在黑板上。

(2)请幼儿看着算式尝试把这道应用题完整表达一遍。

(3)请幼儿自己尝试编加法应用题。如：盘子里有 4 块饼干，妈妈又拿来 3 块饼干，盘子里一共有几块饼干？

4. 翻开《学习数学准备》分册第 46 页，完成练习。

教师引导幼儿观察画面内容，说说每幅图讲了什么事，教师先引导幼儿编题，提醒幼儿用完整的语言说出应用题。请幼儿尝试用自己的话编出应用题，并完成算式。

16-1 看图编题 2

目标

1. 复习和巩固编应用题的方法，尝试编减法应用题。

2. 发展分析问题和解决问题的能力，发展逻辑思维能力。

准备

1. 教师准备 4 支黄色蜡笔、5 支绿色蜡笔。

2. 幼儿每人一本《学习数学准备》分册。

过程

1. 复习加法应用题。

教师分别出示黄色蜡笔和绿色蜡笔，引导编出一道加法应用题，如：班里有 4 支黄色蜡笔，老师又拿来 5 支绿色蜡笔，班里一共有几支蜡笔？

教师引导幼儿回忆并总结如何编加法应用题：应用题是要说一件事，这件事包含两个数字，用“一共”提出问题。

2. 了解编减法应用题。

(1)教师：我们已经学会了编加法应用题，可是如果我们的东西变少了还能编题吗？请小朋友们听好了。

教师：现在我手里有几支蜡笔？

教师拿掉5支绿色蜡笔，说：我拿走了几支蜡笔？

教师引导幼儿用“几或多少”提出问题：还剩几支蜡笔？

(2)请幼儿尝试着说说。

教师带领幼儿完整地说一遍：手里有9支蜡笔，拿走5支蜡笔，手里还剩几支？

(3)请幼儿将算式写在黑板上。

(4)教师总结：今天我们学习的是减法应用题，和加法应用题一样，也是要讲一件事，包括两个数字，最后要用“剩几或多少”提问。

3. 尝试编减法应用题。

(1)教师：请小朋友认真听老师说了什么事，想一想该怎么提问题。

如：商店里有12袋大米，卖了5袋。

引导幼儿提出问题“商店里还剩多少袋大米？”

教师一边说一边将算式写在黑板上。

(2)请幼儿看着算式尝试把这道应用题完整表达一遍。

(3)请幼儿自己尝试编减法应用题。如：明明有12本书，看完了5本，还剩几本没看？

4. 翻开《学习数学准备》分册第47页，完成练习。

请幼儿尝试用自己的话编出应用题，并完成算式。

16-2　三等分

目标

1. 复习二等分，理解等分的含义。

2. 知道把物体三等分的方法。

准备

1. 教师和幼儿准备圆形纸片若干。

2. 教师准备一个正方形、一个长方形，正方形和长方形上画出三等分虚线。

3. 幼儿准备纸和笔。

4. 幼儿每人一本《学习数学准备》分册。

过程

1. 复习二等分。

(1)教师出示正方形，请幼儿说一说用什么办法可以把正方形分成相等的两部分。分别请幼儿上前演示不同的办法。

教师引导幼儿回忆并总结：用对折的方式可以将正方形分成相等的两部分，将这两部分重叠可以发现是一样大小的图形，这就是把正方形二等分。

(2)教师出示 6 张圆形纸片，请幼儿说一说如何把它们分成数量相同的两份。请幼儿上前演示。

教师引导幼儿回忆并总结：可以用数数的方式将 6 张圆形纸片分成两份，每份数量一样都是 3 张，这也是二等分。

2. 初步感知三等分。

(1)图形三等分。

教师：原来二等分的秘密就是把物体分成一样大小、一样多少的两部分。现在老师要把正方形换一种分发，请小朋友们睁大眼睛，仔细看老师是怎么做的。

教师按照虚线将正方形折成相等的三部分，请幼儿观察，说一说发现了什么。

教师总结：正方形被分成了三部分，每部分重叠后都是一样大的，这就是三等分。

(2)将数量三等分。

教师将幼儿分成几组，给每组发圆形纸片若干。请幼儿讨论、操作，如何将 6 张圆形纸片分成相等的三份，将结果记录在纸上。

(3)请每组幼儿交流、演示操作过程和结果，说一说是否能将 6 张圆形纸片分成相等的三份，用了什么办法。

教师总结：可以先给每一份放上 1 张圆形纸片，放完三份后，再给每一份放上 1 张圆形纸片，又放完三份，6 张圆形纸片正好用完。每份都有 2 张圆形纸片，数量一样。

(4)请每组幼儿数出 9 张圆形纸片，并进行三等分，记录结果。同样的，将 12 张圆形纸片三等分。

(5)请每组幼儿交流、演示操作过程和结果。

2. 翻开《学习数学准备》分册第 48 页，完成练习。

延伸

1. 将圆形纸片投放到游戏区，请幼儿将一定数量的圆形纸片进行二等分和三等分。探索哪些数字不能被二等分或三等分。

2. 请幼儿回家以后在每次吃饭前给家人分筷子和勺子。吃橘子、吃馒头或大饼的时候练习用等分的方法分给家人。

学习科学准备

1-1　看图听故事：纸的发明

目标

1. 了解造纸的过程，对周围事物有探索的兴趣。

2. 发展口头表述能力，听完故事能独立地完整地将故事内容描述出来。

准备

1. 教师准备几张各种类型的纸。

2. 请幼儿收集并带来各种各样的纸。

3. 幼儿每人一本《幼儿入学准备课程——幼儿用书上册，学习科学准备》(以下简称《学习科学准备》分册)。

过程

1. 教师逐一出示准备好的纸，让幼儿观察并说一说这些纸的不同。

2. 幼儿倾听纸的故事，了解纸的发明历史。

(1)教师：原来小朋友们带来这么多纸，那么，你们知道纸是怎么来的吗？

教师：现在请打开《学习科学准备》分册第2～3页，看图片，老师讲故事，听一听纸是怎么发明的。

(2)鼓励幼儿用较完整的语言讲述故事的内容。

(3)结合故事，启发幼儿想象和讨论：假如你是科学家，将会发明什么样的书？

3. 引导幼儿通过各种方法感知不同类型纸的特性。

(1)让幼儿拿出自己带来的纸，通过摸一摸、吹一吹、撕一撕、听一听，对着光线看一看等方式来发现纸的不同。相邻的幼儿互换纸再次观察。

(2)让幼儿分别说说纸有哪些特点(纸很轻，易吸水，易损坏，易燃烧；纸可以折叠、揉皱、撕碎，因此使用纸制品时要仔细)。

(3)结合幼儿生活经验，说一说各种纸的用途。

4. 启发幼儿思考并讨论生活中的需要与不同纸之间的关系，即为什么要发明这么多不同的纸？(写字画画的纸不能太软，不然很容易破；纸巾要柔软，这样才能擦得干净，也不会擦疼皮肤；包装纸要结实，印上美丽的图案；纸箱子要硬硬的，保护好装在里面的东西)

5. 加强节约用纸、保护环境的意识。

(1)了解节约用纸的重要性。

教师：我们每天用的纸大都是用树做成的，经过造纸工人一道道的程序，才生产出来各种各样的纸。如果我们每个人都不节约用纸，会造成什么后果呢？(乱砍滥伐树木，破坏环境)

(2)讨论节约用纸的方法。

教师引导幼儿讲述更多的节约用纸的方法。(如：正反面用纸，用废旧纸代替新纸折纸，把报纸、纸筒、纸盒收集起来重复利用等)

延伸

1. 开展利用废旧纸、纸筒、纸杯、纸盒进行环保制作，并在美工区展示。

2. 教师可和幼儿收集节约用纸的公益广告，形象地了解树木与纸张的关系，提高环保意识。

1-2　户外观察：千变万化的云

目标

1. 观察、了解云的形态、知道云的颜色是多变的。

2. 能关注天气现象，并有探索的兴趣。

准备

1. 教师平时引导幼儿注意观察各种各样的云，对云的状态有感性认识。

2. 一个手电筒，几张白纸。

3. 教师了解、掌握关于云和天气关系的民间谚语。如：

天上鲤鱼斑，晒谷不用翻。
馒头云，天气晴。
天上扫帚云，三五日内雨淋淋。
火烧乌云盖，大雨来得快。
天上花花云，地上晒死人。
红云变黑云，必有大雨淋。
日落乌云涨，半夜听雨响。

4. 幼儿每人一本《学习科学准备》分册。

过程

1. 用谜语导入活动。

“身体轻又轻，空中来旅行。有时像棉花，有时像鱼鳞。”

教师启发幼儿说说平时看到过什么样的云，它们像什么。

2. 引导幼儿到户外观察云的形状，说说看云的感受。

(1)引导幼儿观察天空中的一大片云，说说这片云的形状像什么。(让幼儿充分想象，发表意见)

(2)幼儿自由观察天上的云，说说自己看到了什么样的云，它像什么，后来又变得像什么，为什么会变。

(3)请幼儿说说自己还发现了什么现象，鼓励幼儿大胆发表自己的意见。(启发幼儿说出云是在不断移动的，让幼儿想一想，云为什么会移动)

3. 翻开分册《学习科学准备》第 4 页，说一说书上的云是否在生活中见过，在哪见过。

(1)观察、了解云的多种颜色，并试着用语言表达云的颜色(灰色的云、乌云、白云，傍晚的云是金色的、红色的、橘红色的、紫色的)

(2)说一说图中的云的形状，“像……一样”。

4. 讨论云的颜色。

教师：为什么天空中的云有时是白色的，有时是灰色的、黑色的？

5. 通过实验感受云的颜色与厚薄之间的关系。

(1)将手电筒当作太阳，将白纸当作白云，引导观察当“太阳光”照在一张纸上时所产生的现象。(透过纸能清楚地看到光)

(2)当“太阳光”照在叠放的几张纸上时，发现了什么？(光能透过纸，但看得不太清楚)

(3)再加上一些纸，发现了什么变化？(看不见光了)

教师总结：其实云是白色的，只是因为云的厚薄不同，才会出现不同的颜色。当云很薄的时候，阳光照在它们身上，云看上去就是白色的；当云变厚时，阳光只能透过很少的部分，云看上去就是灰色的；当云很厚时，阳光无法透过，云看上去就是黑色的。

6. 初步认识云与天气的关系。

教师说出关于云和天气变化的谚语，解释意思，让幼儿初步了解云和天气的关系。

延伸

幼儿回家后和爸爸妈妈收集云的相关知识，学着通过观察云的颜色和形状预测天气。

2-1　我的气象记录

目标

1. 初步熟悉各种气象符号，尝试用气象符号记录天气。

2. 有探究天气现象的兴趣。

准备

1. 幼儿有观看电视节目《天气预报》的经验，对气象符号不陌生。

2. 教师自制各种气象符号卡片。(晴天、阴天、多云、雨、风、

雾、雷电）

3. 黑板或大白纸一张。

4. 幼儿每人一本《学习科学准备》分册。

过程

1. 启发幼儿回忆近期天气，描述天气情况。

2. 让幼儿结合生活经验，说说天气预报的作用。

教师：小朋友们谁看过天气预报？天气预报里都说到了什么？大家知道天气预报的作用吗？

教师总结：听了或看了天气预报我们就能知道未来几天的天气情况了，还能根据天气变化增减衣服等。

3. 认识常见的气象符号。

(1)教师出示自制的气象符号卡片，引导幼儿理解每种符号所代表的天气。

教师：小朋友们看这些是什么？(气象符号)认识这些气象符号吗？见过吗？

教师逐一出示卡片，带领幼儿说出相应的天气。

(2)教师：现在我说天气，请小朋友从这些气象符号中给天气找朋友。(教师说晴天，请一名幼儿上前指认出晴天的符号)

4. 让幼儿尝试着在纸上画出气象符号。

教师：现在请小朋友们拿出笔和纸，试着画出各种气象符号。你可以按照老师卡片上的符号画，也可以用自己喜欢的图案画。

幼儿画，教师巡回指导。

5. 练习说温度。

教师："一天里的温度也是不一样的，晚上和白天的温度差别可能会非常大，比如今天的温度是……"(教师在黑板或大白纸上写出晚上最低温度和白天最高温度)引导幼儿正确读出温度。多写几组数字让幼儿说一说，只要求说"度"即可。

6. 巩固看气象符号识天气。

教师：我们中国特别大，城市特别多，同一天里每个城市的天气都不一样。现在老师画出气象符号，让小朋友们当气象预报员，说说其他城市的天气是怎么样吧。

"北京的天气是……"(教师在黑板或大白纸上画出气象符号，写出数字表示温度）选择气候差别较大的城市进行练习，如：沈阳、青岛、兰州、海南等。

7. 翻开《学习科学准备》分册第5页，引导幼儿正确填写气象记录表。

教师：小朋友们，从今天开始，你们有一个任务，每天晚上观看或者收听天气预报节目，把第二天的天气情况和温度都记录下来。

教师向幼儿明确表格中画天气符号和记录气温的地方。

日期 天气	星期一 (__月__日)	星期二 (__月__日)	星期三 (__月__日)	星期四 (__月__日)	星期五 (__月__日)	星期六 (__月__日)	星期日 (__月__日)
天气符号							
温度							

延伸

教师鼓励幼儿养成关注天气预报的习惯，并能根据天气预报内容关心、提醒家人增减衣物，是否带雨具等。

2-2　看图学知识：有车真方便

目标

1. 初步了解车的发展历史。

2. 观察、比较各种交通工具的特点和用途，并能尝试着进行归纳分类。

准备

1. 幼儿知道什么是交通工具。

2. 幼儿熟悉生活中常见的交通工具。（马车、自行车、公共汽车、摩托车、拖拉机、火车、飞机等）

3. 幼儿每人一本《学习科学准备》分册。

过程

1. 让幼儿结合自己的生活经验，分别说说乘坐交通工具出行的感受。

教师提示幼儿去哪儿乘坐的什么交通工具，速度、舒适度怎么样；

都乘坐过哪些交通工具，最喜欢哪种，为什么。

2. 翻开《学习科学准备》分册第 6～7 页，教师逐图讲解，让幼儿初步了解车的发展历史。

3. 通过提问的方式，引发幼儿思考并讨论。

教师：很早以前没有车子的时候，人们是怎么运送东西的？世界上第一个造出车子的国家是哪国？马拉车可以帮人们做哪些事？后来人们又发明了什么车代替了马车？现在奔跑在道路上的交通工具就更多了，都有哪些？

4. 教师引导幼儿比较各种交通工具的区别。（外形、速度、舒适度、运输能力等）

5. 教师引导幼儿回忆并带领大家给交通工具分类。

在公路上的：自行车、摩托车、卡车、公共汽车、吉普车、面包车等；

在轨道上的：火车、地铁、轻轨等；

在水里的：帆船、轮船、潜艇、货船、渔船等；

在天上的：客机、直升机等。

延伸

1. 教师在阅读区投放有关车子的图书供幼儿阅读，拓展这方面的知识。

2. 鼓励幼儿仔细观察生活中见到的各种交通工具，发现、比较各种类型交通工具的功能和特征。

3-1　看图说说：滴滴，汽车来了

目标

1. 对各种车子有探索兴趣，喜欢观察、探索生活中常见车辆的外形特征。

2. 能够通过仔细观察用语言表达自己的发现。

准备

1. 请家长协助幼儿收集各种玩具车、车子图片和书籍，让幼儿对车子有一定的了解。

2. 请幼儿带来自己喜欢的玩具车或收集的车子图片。

3. 教师用手机或其他录音设备下载或录制几种车子鸣笛的声音。(公共汽车、救护车、洒水车等)

4. 幼儿每人一本《学习科学准备》分册。

5. 教师需要提前熟悉《学习科学准备》分册第 8 页图片中所有车子的特点、结构组成及用途。

过程

1. 请幼儿展示、介绍自己的玩具车和图片，引导幼儿互相观察，说一说车子的特征和用途。

教师："今天大家带来了这么多车子，还有漂亮的车子图片，每辆车子都不一样，哪位小朋友愿意跟我们介绍一下他的车子?"提醒幼儿介绍车子的名称、结构、用途。

2. 翻开《学习科学准备》分册第 8 页，教师利用车子图片来引导幼儿观察了解各种各样的车子的特点及功能。

(1)请幼儿分别说说认识的车，在什么地方看到这些车子是怎么工作的。

(2)根据实际情况，教师重点介绍图片中幼儿不太熟悉的车子。

(3)教师提醒幼儿注意每辆车子的不同之处，说一说每辆车的主要特点以及车子的结构和用途的关系。(消防车为什么是红色的? 救护车和消防车头顶为什么安装爆闪灯? 垃圾车是怎么把垃圾箱里的垃圾装到肚子里去的? 清障车后面的大平台是干什么用的……)

3. 通过玩"猜谜"的游戏，激发幼儿探索车子不同功能的兴趣。

(1)教师：小朋友们都很棒，认识各种各样的车。现在老师要和你们玩一个猜谜的游戏。老师说出车的功能后，你们说出车的名称。(救护车、垃圾车、货车等)

(2)教师：现在我们要换一种玩法，老师给你们增加点难度。请小朋友们听声音猜出车的名称。(播放车子鸣笛的声音)

(3)让一名幼儿描述车子主要特征，其余幼儿猜名称。

4. 提醒幼儿注意遵守交通规则。

教师：路上有各种各样的车子在行驶，为了确保安全，司机们要遵守交通规则，我们小朋友过马路的时候也要遵守交通规则。过路口要走人行横道，还要注意看交通信号灯。你们知道交通信号灯有几种吗? 绿灯亮了应该怎样? 红灯亮了应该怎样? 黄灯亮了又该怎样?(如果没有

通过马路，看到黄灯就要停下；如果走到一半，就要快快通过)

延伸

1. 请幼儿互相欣赏并介绍带来的车子和车子图片。

2. 请幼儿用多种方式表现自己最喜欢的车子(运用各种绘画材料、橡皮泥、插塑、积木等)，将作品展示在美工区，互相欣赏、交流。

3-2　看图说说：各种各样的通信工具

目标

1. 对通信工具感兴趣，有创造、发明的欲望。

2. 了解各种通信工具的异同。

准备

1. 幼儿知道什么是通信工具。

2. 幼儿接触过生活中常见的通信工具，有使用经验。

3. 教师准备手机一部。

4. 幼儿每人一本《学习科学准备》分册。

过程

1. 激发幼儿对通信工具的兴趣。

教师引导幼儿思考并说一说可以通过什么方式和别人联系。

提问："如果我们有事情要和别人联系，怎么办?""你们打过电话吗?""哪位小朋友说一说，如果想要给妈妈打电话，该怎么打?"

教师拿出手机，请幼儿操作演示如何打电话。

教师："还可以用什么方式与别人联系?""手机和普通电话有什么不一样?"

教师总结：它们都有一个共同的名字叫通信工具。

2. 翻开《学习科学准备》分册第 9 页，向幼儿介绍其他通信工具，扩大知识面。

(1)让幼儿看一看，除了手机和电话外，还知道哪些通信工具?(电脑、信件、可视电话等)。

(2)说说它们有什么不同。

(3)根据已有经验，让幼儿讲述自己是如何使用通信工具和别人联系的。

3. 激发幼儿创造发明的欲望。

科学家发明了这么多的通信工具，你们还想设计哪些更方便、操作更简单的通信工具？

延伸

幼儿记录下教师的电话号码，课后打电话或发短信联系，使幼儿在实践中练习使用手机和别人联系，进一步了解通信工具，感受它给生活带来的便利。

4-1　手工制作：制作不倒翁

目标

1. 乐于动手制作好玩的玩具。

2. 初步了解和感受不倒翁的基本原理。

准备

1. 教师和幼儿提前收集硬的球形容器。（海洋球、乒乓球等，需要让家长帮忙把球形材料剪下 1/4）

2. 橡皮泥、剪刀、胶棒、彩色笔、空白的扇形纸面等。

3. 教师制作好一个不倒翁成品。

4. 幼儿每人一本《学习科学准备》分册。

过程

1. 欣赏和把玩不倒翁，鼓励幼儿探索、发现不倒翁的特点。（上轻下重、上小下大、底面是半球形）

2. 制作不倒翁。

（1）教师引导幼儿观察不倒翁的组成结构及制作材料。

（2）教师发放笔、纸等材料，幼儿拿出自己准备好的球形材料，教师示范，指导幼儿制作不倒翁。

以海洋球为例，翻开《学习科学准备》分册第 10 页。

第一步拿一个海洋球做不倒翁的肚子，把橡皮泥塞进海洋球里面，不要让海洋球歪掉。提醒幼儿注意橡皮泥要粘紧，不能一边多一边少。粘一粘就试一试看海洋球是不是保持平衡站立。

第二步在扇形纸面上设计并画出自己喜欢的头像。

第三步把画好的头像粘在海洋球上，作为不倒翁的头，不倒翁就做

好了。

3. 展示成果，欣赏和交流。

(1)教师：不倒翁都做好了，现在请小朋友们试试你的不倒翁是不是真的推不倒。

(2)请幼儿展示自己的不倒翁，说一说是怎么制作的，遇到了哪些困难，是怎么解决的。(如果有不倒翁倒了可以和幼儿一起探究原因并纠正)

延伸

如果幼儿感兴趣，回家后和家长一起制作鸡蛋壳不倒翁。(在鸡蛋的小头上戳破一个洞，把蛋清蛋黄倒出来，往鸡蛋壳里倒进一点沙石和碎蜡，然后泡进热水里，待蜡变软融化后把蛋壳拿出来，保持直立放置，蜡冷却后即可装饰蛋壳，然后不倒翁就做好了)

4-2　户外观察：多彩的树叶

目标

1. 观察、发现秋天树叶颜色的变化。

2. 能自由寻找、发现秋天的美。

准备

1. 幼儿有感知、观察到秋天树木、树叶变化的经验。

2. 幼儿每人一本《学习科学准备》分册。

过程

1. 教师在户外和幼儿一起观察、拾捡树叶，让幼儿与树叶自由游戏。

2. 请幼儿寻找、收集漂亮的、有特点的树叶。

3. 请幼儿选出 2～3 片认为最美的树叶带回教室。

4. 回到室内，教师让幼儿说一说在户外有哪些发现。展示自己捡的树叶，说出认为是最美树叶的理由。

(1)教师引导幼儿从树叶的颜色、大小、形状、正反面、薄厚等进行观察。

(2)教师让幼儿辨识这是什么树的叶子。

(3)教师让幼儿展示自己的树叶，说说是什么形状的。激发幼儿展开联想进行描述，如：这片叶子长长的，像一把剑；这片叶子边上有刺，像锯子；这片叶子椭圆形状，像一把扇子。

(4)教师引导幼儿仔细观察，细致描述树叶的颜色，如：叶子是纯黄色的、是红色的、是半黄半绿的、边缘是黄色中间是绿色的等。

(5)教师引导幼儿回忆并讲述树叶在不同季节的变化。

5. 教师引导幼儿说一说秋天的感受，感受秋天的美。

延伸

1. 教师引导幼儿把捡回来的树叶夹在比较厚的书中，制作书签。

2. 在美工区开展制作树叶标本、树叶拼贴图等活动。

3. 教师把幼儿收集来的树叶用线穿起来，布置室内环境。

5-1　说一说：神奇的电

目标

1. 了解电是如何产生的、电的用途。

2. 知道在生活中节约用电和安全用电的方法。

准备

1. 幼儿知道什么是家用电器。

2. 幼儿了解自己家有哪些家用电器。

3. 幼儿每人一本《学习科学准备》分册。

过程

1. 教师引导幼儿讲一讲自己家的家用电器，引发幼儿对活动的兴趣。

2. 翻开《学习科学准备》分册第 12 页，看图片，初步了解关于电的知识。

(1)教师引导幼儿观察图片，向幼儿介绍图片内容，和幼儿讨论发电的多种方式，电的传输方式和电的用途。

(2)教师引导幼儿说一说电的用途。(照明、做饭、取暖、作车的动力等)

(3)教师引导幼儿给家用电器分类。

教师：刚才我们了解了电是怎么来的，在我们的生活中还有那么大的作用，每个小朋友家里都有各种各样的家用电器。现在老师要考考你们了，我说出房间的名称，请你们想一想在这个房间里会有哪种家用电器。

教师：厨房里都有哪些家用电器呢？(冰箱、微波炉、电磁炉、油

烟机、电饭煲等）

教师：卧室。（空调、电视、收音机等）

教师：卫生间。（热水器、洗衣机等）

教师：客厅。（电视、机顶盒、电脑等）

3. 教师引导幼儿说说如果没有电，生活会有什么变化。

教师：刚才小朋友们都说了那么多，看来电在我们生活中处处都要用到。请小朋友们想一想，如果有一天突然没有电了，那我们的生活又会成为什么样子呢？有没有什么东西能代替电呢？

如：没有电灯，晚上屋里黑黑的。也不能看电视了，手机也不能充电了，食物也不能放在冰箱里保鲜了，洗衣机也不能用了，夏天很热的话也不能开空调了等。

4. 翻开《学习科学准备》分册第 13 页，教师引导幼儿说一说如何节约用电。如：随手关灯，电视不看了要关掉，不要长时间开着冰箱门，夏天使用空调时温度不要设定太低等。

5. 共同讨论安全使用家用电器的粗浅知识。

(1)教师引导幼儿说一说安全使用家用电器时的基本注意事项。如：将插头插在插座里通上电源，在插插头时要注意手不能碰到小铜片，更不能把手伸进插孔中；雷雨天不要开电视、开电脑；在家用电器旁不要长期放置纸和布等易燃物；不要用湿手触摸使用中的电器；自己在家时，不能乱动有电的东西。

(2)教师启发幼儿想一想，在户外应该如何注意电的危险？如：不在电线附近放风筝，不在高压线附近玩耍，不要爬电线杆；雨雪天气在户外要远离高压线等。

延伸

请幼儿回家以后跟家人分享安全用电和节约用电的方法。

5-2　科学实验：电池的秘密

目标

1. 了解电池的外形、种类及简单的功能。

2. 知道正确安装电池的方法。

准备

1. 教师可提前给幼儿分成若干小组，每组 3～4 名幼儿。请每组幼儿自行商量于本节课带来一个装有电池的小电器。(电动玩具、闹钟、手电筒等)

2. 教师准备一个装有电池的小电器。(电动玩具、闹钟、手电筒等)

3. 幼儿每人一本《学习科学准备》分册。

过程

1. 通过观察，讨论认识电池。

(1)教师拿出小电器(事先取出电池)，如手电筒，取出拨动开关，让幼儿讨论手电筒为什么不会亮。

(2)教师证实幼儿的猜测，引出电池。

(3)教师让幼儿观察电池。

(4)教师引导幼儿巩固发现，总结电池的基本特征，并认识正负极。

教师总结：电池是圆柱形的，一头凸起像戴顶小帽子一样，一头平平的；戴帽子的一头叫正极，平平的一头叫负极。

2. 教师引导幼儿自主探索安装电池。

(1)教师让事先分好组的幼儿拿出小电器，找到安装电池的位置，观察电池。

(2)教师让幼儿自主探索安装电池，看小电器是否能正常工作。

3. 请幼儿分享安装电池的体验，师幼交流在安装过程中遇到的问题和困难。

教师针对幼儿的操作情况，讲解正确的安装方法。

(1)引导幼儿观察电池槽中的弹簧，知道把电池正极放在没有弹簧的一端，负极则顶在弹簧上。

(2)提醒幼儿如果需要两节或多节电池，则需要让电池顺序一致摆放。

4. 请幼儿再次体验安装电池，并说一说方法和结果。

5. 教师引导幼儿观察、发现电池的型号的区别。

教师根据课堂上幼儿使用的电池举例说明可以从形状大小初步判断电池型号：1 号、2 号、5 号、7 号。

教师总结：要根据电池盒大小选择与之相匹配的大小、型号相应的电池。

6. 结合幼儿生活经验，说说生活中哪些物品需要电池。（录音机、手电筒、手机、遥控器、门铃、电动车等）

7. 教师引导幼儿了解如何保存电池。

教师介绍保存电池的方法：不用的电池应该及时拿出来，远离高温，不能接触水，要放在干燥的地方，新旧电池不要混在一起使用。

延伸

1. 请幼儿探究家里需要安装电池的物品，并尝试拆卸安装。

2. 请幼儿观察不同类型的电池及用途。

6-1　手工制作：树叶拓印

目标

1. 知道并体验拓印的基本方法。

2. 感受制作拓印画的乐趣。

准备

1. 请幼儿提前收集一些树叶(对叶片脉络是否明显凸出不要有特别要求)，清洗干净。

2. 教师准备白纸若干张、五颜六色的蜡笔、胶水、抹布。

3. 教师制作好的几张树叶拓印画。

4. 幼儿每人一本《学习科学准备》分册。

过程

1. 展示树叶拓印画，引发幼儿参与活动的兴趣。

教师：这样的画你见过吗？你知道是怎么画出来的吗？

2. 给幼儿分组，教师发放材料，让幼儿先熟悉制作材料。

3. 教师交代制作步骤和注意事项，和幼儿同步制作一片树叶的拓印画。

(1)把树叶脉络清晰的一面朝上，在叶面光滑的一面涂上胶水，平整地粘在白纸上。溢出的胶水用抹布轻轻擦掉。

(2)把另一张白纸轻轻盖在树叶上，用蜡笔进行拓印，将整片叶子的形状拓印出来。

提醒幼儿拓印时沿着叶脉的纹络方向，用蜡笔躺着来回压着涂画，这样会更清晰。

4. 展示、欣赏幼儿作品，请幼儿说一说自己是怎么做的。

(1)请幼儿展示自己的作品，观察、比较每个人拓印画的特点和不同。

(2)师幼共同探讨拓印过程中遇到的问题，如有的叶面很平，脉络不明显，则拓印效果不理想。

教师总结：用表面越是凹凸不平的树叶拓印效果越明显。在拓印时要把上下两张纸固定好。用蜡笔涂画的时候不能太用力。

5. 翻开《学习科学准备》分册第 15 页，引导幼儿按照步骤图尝试制作复杂的树叶拓印画。

提醒幼儿可以用多种颜色进行拓印，这样就会形成一幅彩色的画面。

延伸

1. 给家人或好朋友制作树叶拓印画书签。

2. 请幼儿尝试用硬币进行拓印，观察拓印效果。

6-2　看图说说：好吃的种子

目标

1. 观察、了解多种常见食物的种子。

2. 知道种子可以做出多种多样的食物。

准备

1. 幼儿具有观察种子的经验。

2. 请每名幼儿带来几样植物种子。

3. 幼儿每人一本《学习科学准备》分册。

过程

1. 感知种子的特征。

(1)请幼儿展示自己带来的种子，并介绍种子的名称和特征。

(2)引导幼儿观察比较种子的不同。

2. 结合生活经验说一说种子的多种用途。

(1)翻开《学习科学准备》分册第 16 页，如图所示，让幼儿讨论种子和食物的关系，并完成连线。

(2)让幼儿说一说图中的种子还有哪些用途。

3. 拓展幼儿经验，说说是不是所有的种子都能吃。

教师总结：大部分农作物的种子都能吃，有些水果的种子不能吃。

教师提问：哪些种子能直接吃？（西瓜子、南瓜子、葵花子、花生、芝麻等）

哪些种子需要加工以后才能吃？（水稻、小麦、黄豆等）

哪些种子不能吃？（苹果、梨、葡萄、橘子等水果的子）

哪些植物没有种子？（海带、紫菜、所有苔藓类植物）

4. 讨论植物发芽生长的条件。

土壤、水、阳光、温度。

延伸

幼儿寻找、观察多种植物的种子，并了解种子的作用。

7-1　看图说说：面条的制作过程

目标

1. 了解面条的制作过程。

2. 有珍惜劳动成果、爱惜粮食的意识。

准备

1. 幼儿有过吃面条的经验。

2. 幼儿每人一本《学习科学准备》分册。

过程

1. 教师提出话题，引发幼儿交流对面条的感受。

请喜欢吃和不喜欢吃面条的幼儿举手，分别说说感受和理由。

2. 翻开《学习科学准备》分册第 17 页，了解面条在工厂的生产过程。

3. 教师引导幼儿说说还知道哪些制作面条的方法。

拉面、饸饹面、搓鱼子、手擀面等。

4. 教师引导幼儿讨论还吃过哪些面食，是怎么制作的，最喜欢吃什么？

5. 教师启发幼儿思考，面粉是小麦磨成的，大米磨出的是什么？玉米磨出的是什么？小米磨出的呢？黄豆磨出的呢？它们都可以做成什么食物，是否吃过？

6. 幼儿形成珍惜劳动成果、爱惜粮食的意识。

教师：每个小朋友都有自己喜欢吃的食物，这些食物都是由小种子经过农民伯伯辛苦劳作，长成植株，成熟收割，最后由工人叔叔加工制作出来的。经过了很多人的辛苦和汗水我们才能吃到香喷喷的食物，所以我们小朋友不管是在家，还是在幼儿园，都要做个爱惜粮食的好孩子。

教师让幼儿讨论爱惜粮食的做法。

延伸

教师鼓励幼儿回家以后在家人的帮助下体验制作面条的过程。

7-2　看图说说：美丽的菊花

目标

1. 通过观察能用语言描述菊花的特征和组成部分。

2. 知道菊花的多种用途。

准备

1. 请幼儿寻找、观察菊花。

2. 教师准备一盆菊花。

3. 课前准备一壶沏好的菊花茶，以及尚未沏的干菊花。

4. 幼儿每人一本《学习科学准备》分册。

过程

1. 教师出示菊花，幼儿通过观察比较，感受菊花的美与香。

(1)通过观察实物菊花，幼儿自由地说一说菊花的特征(花朵的颜色、花瓣及叶子的形状等)。

(2)教师引导幼儿按照花、茎、叶的顺序观察菊花，和幼儿一起归纳、总结菊花的特征。

(3)请幼儿闻一闻菊花的香气，鼓励幼儿说出真实的感受，比如有人觉得菊花是香的，有人不喜欢菊花的气味。

2. 翻开《学习科学准备》分册第 18 页，看图片，知道菊花的多种类型，比较花朵的不同形态。

3. 请幼儿品尝菊花茶。

(1)教师出示干菊花，请幼儿观察。

教师：今天老师还带来了一样东西，请小朋友们仔细看一下，知道这是什么吗？

（2）品尝菊花茶。

教师：刚才有的小朋友说是菊花，到底是不是呢？老师提前准备了一壶好喝的饮料，请小朋友拿着自己的杯子，来尝一尝这种饮料是什么味道的，看一看是什么颜色的。

（3）请幼儿观察干菊花在水中绽放的状态，证实猜测。

（4）说一说菊花的用途。

美化环境，泡茶，做清凉饮料，菊花的香味可以缓解头疼，干菊花可做枕头……

4. 说一说除了菊花，还有哪些花是秋天开放的，说说这些花和菊花的区别。

如：月季花、牵牛花、秋葵、蜀葵等。

延伸

1. 让幼儿收集各种各样的菊花的图片，感受菊花的美。

2. 让幼儿画出美丽的菊花，将作品展示在美工区，装饰室内环境。

8-1　看图说说：谁是从蛋里孵出来的

目标

1. 引导幼儿探索动物胎生和卵生的区别。

2. 激发幼儿对动物产生探究兴趣和保护欲望。

准备

1. 一枚熟鸡蛋。

2. 幼儿知道小鸡和小猫、小狗的出生方式不一样。

3. 幼儿每人一本《学习科学准备》分册。

过程

1. 观察熟鸡蛋的结构，了解鸡蛋的组成部分。

（1）让幼儿说一说对鸡蛋的认识：颜色、形状，鸡蛋里有什么。

（2）教师拿出准备好的熟鸡蛋，用刀对半纵切，引导幼儿观察、讨论鸡蛋的组成部分，知道小鸡是由蛋黄孵出来的。

2. 教师向幼儿简单讲述孕育小鸡需要的条件，并让幼儿了解卵生的特点。

(1)鸡蛋孵化出小鸡的基本条件：温度、湿度、翻蛋、时间。

(2)教师总结卵生的特点：从蛋里出生的方式叫作卵生。

(3)教师引导幼儿说说哪些动物是卵生的。

如：鸭、鹅、青蛙、蛇等。

3. 教师使幼儿了解胎生动物的常识。

教师：刚才小朋友们知道了小鸡、小鸭都是卵生的，因为它们是从蛋里出生的。那小猫、小狗是卵生吗？它们又是怎么出生的呢？

教师总结：在妈妈的肚子里边孕育成形并生下来，靠吃妈妈的奶逐步长大的动物，叫胎生。如：猫、牛、羊、老虎、狗等。

4. 翻开《学习科学准备》分册第 19 页，引导幼儿思考并区分哪些动物是卵生，哪些不是。

5. 思维拓展，巩固概念。

教师可多说出几种动物的名称，让幼儿抢答是卵生还是胎生，如：大象、蜻蜓、鲸、蝴蝶、蜗牛、熊猫、兔子等。

延伸

教师鼓励幼儿询问家长或查找资料并讨论刚出生的小鸡如何健康长大，激发幼儿喜欢、爱护小动物的情感。

8-2　观察：独特的指纹

目标

1. 通过观察指纹，知道每个人的指纹都是不同的。

2. 了解指纹有三种类型，简单了解指纹的用途。

准备

1. 幼儿知道自己的左右手及每根手指的名称。

2. 教师制作好几张指纹画。

3. 幼儿每人一本《学习科学准备》分册。

过程

1. 欣赏指纹画，激发幼儿对指纹的探索兴趣。

教师：今天老师给大家带来了一些很特别的画，我们一起来看看(出示指纹画)，你们有没有发现这些画和我们平时画的画有什么不一样的地方？引导幼儿仔细观察指纹画上的纹路。

教师总结：手指上凸起的纹路就是指纹。

2. 翻开《学习科学准备》分册第 20～21 页，引导幼儿观察指纹、了解指纹的基本特征。

(1)引导幼儿对指纹展开猜想。

教师：猜一猜，你的指纹和别的小朋友的指纹是不是一样的？你自己的每一根手指指纹是不是一样的？

(2)通过动手操作，引导幼儿仔细观察，了解指纹的特征。

教师引导幼儿逐一观察自己每根手指的指纹，和同伴交流观察结果。

(3)教师讲解指纹的三种类型，并用不同的符号表示出来。

教师介绍三种指纹的名称，并在黑板上画出对应的符号：每个人的指纹形状都是不一样的，科学家把指纹分成了三大类。第一种叫箕形纹，中心向左或向右偏，像簸箕一样，我们可以用梯形表示；第二种叫弓形纹，中心像一把弯弯的弓，我们可以用半圆形表示；第三种叫斗形纹，中心像水中小小的旋涡，可以用圆形表示。

3. 让幼儿有目的地再次观察自己的指纹，并用符号画在《学习科学准备》分册第 21 页的手指图形上。教师提醒幼儿不要把左右手画错了。

4. 引导幼儿思考，了解指纹的作用。

指纹独特性：指纹解锁、指纹破案。

延伸

教师提供印泥或水彩涂料，供幼儿制作指纹画，加深对指纹的印象，体验指纹作画的乐趣。

9-1　看图说说：它们都是鱼吗

目标

1. 了解鱼类的主要特征。

2. 认识鱼类、贝类、藻类等海底生物，知道鱼类和非鱼类的区别。

准备

1. 幼儿对鱼有过观察和了解。

2. 幼儿每人一本《学习科学准备》分册。

过程

1. 让幼儿结合已有经验自主描述鱼的特征。

(1)幼儿一边说，教师可以一边用画图的方式将鱼的特征在黑板上记录下来。

教师总结：用鳃呼吸，靠鳍运动，卵生，在水里生活。

如果幼儿说出“鱼有鳞片”的特征，教师可以引导幼儿思考是否所有的鱼都有鳞片，如：泥鳅、鳝鱼、鲶鱼、黄嘎鱼等淡水鱼就无鳞片，带鱼、鲨鱼等海里生活的鱼也无鳞片。由此，提升幼儿对鱼的认识经验，“有鳞片”不是鱼的基本特征。

(2)引导幼儿说说都知道哪些鱼(河里的、湖里的、海里的)。

2. 翻开《学习科学准备》分册第 22～23 页，让幼儿分辨鱼类和非鱼类，并说出理由。引导幼儿正确说出非鱼类动物的名称。

3. 引导幼儿说一说还知道哪些海洋动物是鱼，哪些不是。

4. 引导幼儿结合生活经验说说河里(湖里)有哪些鱼类和非鱼类的动物。

9-2　看图说说：会说话的标志

目标

1. 知道生活中常见的标志代表特殊的含义。

2. 知道标志和人们生活的关系，形成初步的行为规范意识。

准备

1. 故事《小老鼠贝特开车》。

2. 教师自制几种常见的交通标志的卡片，如：

禁止左转、禁止鸣笛、限速标志

、人行横道、交通信号灯。

过程

1. 由故事引入活动，引发幼儿认识标志的兴趣。

教师：大个子叔叔要买汽车了，但是在买车之前他需要通过合格驾驶员的考试，拿到驾驶证才行。这几天大个子叔叔都在学习交通规则，认识各种交通标志的意思。明天就要考试了，可是这些交通标志大个子叔叔好像还没记清楚，想请小朋友们帮帮忙。

2. 认识各种交通标志。

(1)教师：瞧，大个子叔叔把这些标志都给画下来了，我们快一起看一看它们都代表什么意思吧。

(2)把幼儿分成几组，教师把准备好的标志卡片发给每组幼儿，让幼儿进行小组讨论。

(3)每组请1～2名幼儿为代表介绍本组拿到的标志的含义，也可请别的组小朋友进行补充。

教师：刚才小朋友们说的这些标志有一个统一的名称，叫作交通标志。开车的司机或者走路的行人都需要注意看这些标志，遵守交通规则。

(4)让幼儿说说不遵守交通规则的危害。

发生交通事故，会有人受伤；造成道路拥堵，环境污染；浪费人们的时间，上班、上学、上幼儿园会迟到等。

教师：大个子叔叔特别感谢小朋友们的帮助，这回他可记住了每个标志的含义了，明天的考试肯定没问题了。

3. 翻开《学习科学准备》分册第24～25页，进一步认识生活中常见的标志。

让幼儿看第25页的标志，先说说标志的含义，再想一想什么地方需要用到禁止和警示标志，为什么。如果不这样做会带来什么危害。

4. 引导幼儿说一说还见过哪些生活中的标志。幼儿一边说，教师一边试着在黑板上画出来。(如果幼儿说不出来，教师先画出几个简单的标志让幼儿辨识，然后教师说出一些地点、环境等条件启发幼儿回忆会有什么标志)

延伸

请幼儿给班里的某一个活动区设计标志，并将设计好的标志贴在相应的活动区内。(阅读区、表演区、美工区、自然角等)

10-1　看图说说：有趣的虫子

目标

1. 对观察、探索虫子感兴趣。

2. 能根据昆虫的关键特征，学会辨别昆虫和非昆虫。

准备

1. 幼儿有观察虫子的经验，知道多种虫子。

2. 白纸和笔若干。

3. 幼儿每人一本《学习科学准备》分册。

过程

1. 翻开《学习科学准备》分册第 26 页，让幼儿观察图中虫子并说出名称。

(1)请幼儿自由发言，说出认识的虫子，简单描述虫子的特征。(身体结构、颜色、是否会飞、是否会叫等)

(2)结合生活经验，请幼儿说说对所熟悉的虫子的了解。(生活环境、益虫还是害虫、爱吃什么、幼虫和成虫的区别，幼儿是否触摸过，摸起来感觉怎么样等)

2. 把幼儿分成几组，教师发放纸和笔，让幼儿给图中的虫子分类，并记录。

(1)以小组为单位，由幼儿自行商讨决定分类标准。用表格和简易图的方式记录分类结果。

(2)请每组幼儿说一说是怎么给虫子分类的，理由是什么。(鼓励幼儿按照多种方法分类，如按会飞的，不会飞的；发声和不发声的；有腿的，没有腿的；大的，小的；益虫，害虫；白天活动的，晚上活动的等)

3. 引导幼儿观察昆虫特征。

(1)教师引导幼儿再次仔细观察图中的虫子，尝试归纳出昆虫的主要特征。

教师：刚才小朋友们对这些虫子都做了很仔细的研究，也按照不同的标准给它们分了类，你们可真是太能干了。现在请小朋友们再次认真观察、比较图中的虫子，看看哪位小朋友最细心，眼睛最雪亮，能回答老师的问题。请你们找出有相同特征的虫子，告诉老师是哪里相同。

(2)教师将幼儿说出的相同特征以图案或者文字的方式记录在黑板上，最后引导幼儿一起归纳昆虫的特点。

教师总结：昆虫的身体都由头、胸、腹三部分组成，头上长有一对触角，最重要的一点，所有的昆虫一定都长有六条腿。

4. 请幼儿找出图中的昆虫，并按照昆虫和非昆虫的方法给虫子分类。

10-2　看图说说：我们身边的动物

目标

1. 加深对各种动物主要特征的认识，并形成家畜、家禽等概念。

2. 激发爱护动物的情感，初步培养环保意识。

准备

1. 幼儿熟悉生活中常见的动物。

2. 幼儿每人一本《学习科学准备》分册。

过程

1. 引导幼儿描述身边的小动物。

(1)让家里养小动物的幼儿说一说养了什么动物，毛色、爱吃爱玩什么、养了多久、用途等。

(2)请没有养小动物的幼儿说说想养什么，为什么。

2. 翻开《学习科学准备》分册第 27 页，让幼儿进一步了解更多的常见动物及其外形特点、生活习性。

(1)教师让幼儿说说对图中动物的了解。

(2)教师引导幼儿说一说图中每种动物在人们的生活中发挥什么作用。

3. 按照家畜、家禽、野兽的方法给动物进行分类。

(1)引导幼儿明确家畜、家禽的概念。

教师：刚才小朋友们都说了这么多家里养的小动物的作用，那么家养的鸟类我们就给它一个统一的称呼，叫作家禽；另外一些家养的、又发挥很大的作用的动物也有一个统一称呼，叫作家畜。

(2)让幼儿按照家禽、家畜的概念给图中的动物分类。讨论金鱼和乌龟该属于哪一类。

教师：金鱼和乌龟既不属于家禽，也不属于家畜。因为家畜都是哺乳动物。金鱼和乌龟既不属于鸟类也不是哺乳动物。

(3)让幼儿说说最喜欢的动物，说出理由。

(4)让幼儿说说自然界还有哪些对人类有益的动物。

4. 激发幼儿关心、爱护动物的情感，形成初步的环保意识。

教师：有的动物给我们带来快乐；有的动物可以帮助人类劳动，像牛和马；有的动物是有益动物，可以保护庄稼，消灭害虫，如：啄木鸟、猫头鹰、壁虎等。有些人类饲养的动物可以提供给我们肉、蛋、奶，供给我们食用。动物是我们的朋友，我们和动物互相依存，共同生活在这个世界上，谁也离不开谁。

延伸

教师可以在阅读区投放关于动物的科普类书籍，扩大幼儿视野，增加对动物的了解。

11-1 看图学知识：桥的变化

目标

1. 初步了解桥的演变过程和发展历史。

2. 通过对桥的种类、形态和发展过程的认识，感受人的创造力的伟大和科学的进步。

准备

1. 幼儿熟悉生活中常见的桥。

2. 幼儿每人一本《学习科学准备》分册。

过程

1. 教师组织幼儿交流，调动幼儿关于桥的已有经验。

(1)说一说居住地附近有什么桥，是否去过，规模大小等。

(2)请幼儿讲一讲还在哪儿见过桥，见过什么样的桥。

2. 翻开《学习科学准备》分册第 28 页，教师讲述，幼儿看图了解桥的发展史。

3. 看《学习科学准备》分册第 29 页的图片，了解多种多样的桥。

(1)向幼儿介绍图片上的桥，介绍桥的名称，引导幼儿观察各种桥的造型和建造材质。(木桥、石桥、水泥桥、金属桥)

公铁两用桥：如果要在靠近城市的地方建造一座大桥，火车和汽车都要从这里通过，就可以建造一座公路、铁路同时共用的桥。这种桥的好处是建造工程相对简单，成本较低，大桥节省占地空间。

赵州桥：在河北省赵县，全部用石料建成。由著名匠师李春设计建造，距今已有 1400 多年的历史。

过街天桥：过街天桥是城市中方便行人穿过道路的一种桥，保证交通的通畅和行人的安全。行人穿过道路可以通过走人行横道、过街天桥和地下通道三种方式。

悬索桥：也叫吊桥。指的是以通过索塔悬挂并锚固于两岸(或桥两端)的缆索(或钢链)作为上部结构主要承重构件的桥梁。其缆索几何形状由力的平衡条件决定，一般接近抛物线。从缆索垂下许多吊杆，把桥面吊住，在桥面和吊杆之间常设置加劲梁，同缆索形成组合体系，以减小荷载所引起的挠度变形。

城市高架桥：把道路建造成立体分层的桥梁建筑，车辆在上面开往各个方向互不干扰，也不用等待红绿灯。

杭州湾跨海大桥：是跨域中国杭州湾的跨海大桥。全长 36 千米，曾保持中国世界纪录协会的世界最长跨海大桥世界纪录。整座大桥平面为 S 形曲线，总体上看线形优美、蔚为壮观。

金门大桥：位于美国的世界著名桥梁。全长 1900 多米，用了 10 万多吨钢材，工人们用了 4 年时间才建造完成。大桥高出水面部分相当于一座 70 层高的大楼，桥面有 6 条车行道和两条宽敞的人行道。

伦敦塔桥：位于英国伦敦，横跨泰晤士河，是伦敦的象征。高约 60 米，分上下两层。上层支撑着两岸的塔，下层桥面可让行人通过，也可供车辆穿行。如果巨轮鸣笛而来，下层桥面能够自动往两边翘起，此时行人可改道从上层通过。

(2)说一说以前的桥是什么样的，现在又有哪些桥，它们的造型和功能有什么变化。

(3)引导幼儿注意：不是所有的桥都是建造在水面上的，如：过街天桥、公铁两用桥、城市高架桥。

4. 引导幼儿说说自己最喜欢哪种桥，加深对桥的了解，并感受人类的智慧和创造力的伟大。

延伸

寻找不一样的桥：除了书本中展示的和课堂上讲到的桥，在我们中国和国外还有很多造型美观、用途不同的桥。请小朋友们在生活中留心观察，或者查找资料，看看还能找到哪些不一样的桥，并和同伴们交流分享。

11-2　故事：换牙

目标

1. 了解一些换牙的常识，并学会保护新长出的牙齿。

2. 懂得换牙是一种正常的生理现象，不必担心害怕。

准备

1. 幼儿对着镜子观察过自己的牙齿，知道有几颗牙，是否有龋齿。

2. 幼儿知道自己是否换过牙。

3. 幼儿每人一本《学习科学准备》分册。

过程

1. 翻开《学习科学准备》分册第 30～33 页，通过听故事，引起幼儿对牙齿的关注。

教师：宝宝的牙齿怎么了？谁能说说换牙是怎么回事？

教师总结：我们生下来以后长出来的牙齿叫乳牙，乳牙比较小，也不够坚硬，当我们到了五六岁的时候，乳牙就会脱落，开始长出新牙，这新长出的牙叫恒牙。恒牙比较大而且很坚硬，比乳牙还要多，对人的身体很重要。如果恒牙掉了就不会再长出新牙。乳牙脱落长出恒牙，就叫换牙。

2. 经验交流。

(1)请已经换牙的幼儿谈谈换牙时的感受，也可以请没有换牙的幼儿说说自己的心情。

(2)请班上牙齿松动或脱落长出新牙的小朋友，分别让大家看看。

3. 教师引导幼儿了解乳牙与恒牙的区别。

(1)教师向幼儿介绍牙齿的名称和功能。

前面的切牙可以帮助我们咬断食物，比如吃苹果、啃甘蔗、嗑瓜子。切牙是否排列整齐也会影响到我们说话发音，如果缺少了前面的切牙，发音就会漏气，说话也听不清楚了，并且也影响美观。

两侧的尖牙比较粗壮，可以帮助我们撕咬食物，比如吃大块的肉、肉干、大饼、地瓜干。

后面的磨牙帮助我们咀嚼、磨碎食物，比如嚼花生。

(2)乳牙与恒牙的区别：乳牙较小，恒牙比较大；乳牙颜色很白，恒牙是淡黄色的；乳牙有 20 颗，成人的恒牙是 28～32 颗；乳牙脱落以后会长出来恒牙，恒牙掉了就不会再长出来了。

4. 引导幼儿掌握一些换牙的常识。

教师：“如果你的牙齿活动了，能不能用手摇摇让它快一点掉下来？为什么？”

“有的小朋友喜欢用舌头去舔刚长出来的牙齿，这样做对吗？为什么？”

“换牙时你们心里害怕吗？为什么？”

“有些小朋友，乳牙还没掉，新牙就在旁边长出来了，这时该怎么办？”

教师总结：换牙时不用害怕，活动的牙齿不要用手去摇，也不要用舌头舔刚长出的新牙，不然新的牙齿就不整齐了。如果乳牙没掉，新牙就长出来了，要及时请牙医拔掉乳牙。每个小朋友都要常常注意自己的牙齿有没有松动，如果有，就是要长新牙了。

5. 引导幼儿了解保护新长出的牙齿的常识。

教师总结：小朋友换牙时不必吃特别软的食物。平时多吃粗食、粗纤维食物(苹果、芹菜、煮花生等)，可以锻炼牙齿，坚固牙根，帮助长出端正的牙齿。睡前不吃酸甜食物，早晚刷牙，清除口腔、牙缝中的食物残渣。

延伸

1. 在阅读区提供一些有关“牙齿”的图书，供幼儿阅读，进一步丰富幼儿“保护牙齿”的经验。教师还可以提供介绍各种动物牙齿的图书，激发幼儿探究“牙齿”秘密的兴趣。

2. 在科学区可以投放蛋壳、杯子和醋，引导幼儿做“蛀牙实验”，了解酸性物质会导致蛀牙。

12-1 看图说说：各种各样的船

目标

1. 认识并了解各种形状的船的名字、外形和用途。

2. 对船有兴趣和探究欲望。

准备

1. 幼儿对船有简单的了解。

2. 让幼儿收集关于船的图片、照片或玩具等，上课时带来。

3. 幼儿每人一本《学习科学准备》分册。

过程

1. 请幼儿展示收集的关于船的材料，介绍、交流对于船的认识。

2. 翻开《学习科学准备》分册第 34 页，引导幼儿观察、了解各种船的特点。

(1)教师可向幼儿介绍船的名字，引导幼儿说说船的外形，启发幼儿说说船的用途。

万吨邮轮：过去，交通工具和通信手段都没有现在这么发达的时候，跨洋邮件和包裹总是由这种大型客轮运载，因此人们给它起了个名字叫邮轮。现在，用飞机代替了邮轮运输邮件和包裹，或者用网络通信，所以现在说的邮轮是指在海洋中航行的旅游客轮。大型邮轮载客量在 2000 人以上。远洋邮轮在大海里可以航行 10～15 天，甚至更长时间。邮轮上面有客舱，客舱内有许多座位，有的客轮是可以睡觉的，上面有床，有空调还有游泳池，可以在船上打牌、下棋、唱歌，让我们在旅途中不感到寂寞，坐在船上还可以看岸边的风景。

帆船：是利用风力前进的船，是一种古老的水上交通工具，已有 5000 多年的历史了。没有风的时候靠人划桨或者摇橹前进或靠岸。奥运会就设有不同类型的帆船比赛项目。

皮划艇：起源于人们用鲸皮包在骨头架子上做成的小船，是从独木舟演变而来的。现在，皮划艇是奥运会的一项比赛项目，有单人皮划艇和双人皮划艇。2004 年雅典奥运会，我国选手取得了男子 500 米双人皮划艇金牌。

航母：全称航空母舰，又称为“海上霸主”，是一种大型水面舰艇，可以供作战飞机起飞和降落。航空母舰是世界上最庞大、最复杂、威力最强的武器之一，是一个国家综合国力的象征。世界上一共有 10 个国家拥有航空母舰：中国、法国、意大利、俄罗斯、西班牙、巴西、印度、泰国、英国和美国。美国拥有世界上最多的和最大的航空母舰，其他国家的航空母舰比美国的都小得多。

潜水艇：也称潜艇，是一种可以在水下航行的船。小的潜艇可以容纳 1～2 人进去，或者全自动操作(无人驾驶)，大的潜艇里面可以进去几百人，连续在水下航行半年。潜艇的作用非常大，除了可以加强海军力量，人们还可以利用它开展海洋科学研究、石油勘探开采、科学侦测、搜索援救、海底电缆维修、抢救财物、水下旅游观光等。

(2)教师总结船的共同特点：有船体，有船舱，能够载人或载物，在水上航行的交通工具。

3. 请坐过船的小朋友分享坐船的经历和感受，加深大家对船的了解。

延伸

1. 教师启发幼儿想象并设计水陆两用船，用自己喜欢的方式表现或制作出来，在班里展示。

2. 教师鼓励幼儿回家后和家长一起做“船”的实验：用废旧的牙膏皮，做成不同的形状(卷成卷儿，抻平，折成盒子形等)，然后放进盛水的盆子里，观察牙膏皮沉浮的状态。

12-2　看图说说：白色污染

目标

1. 通过实验了解塑料袋是很难腐烂和分解的白色垃圾。

2. 知道用环保材料装东西，有保护环境的意识。

准备

1. 根据活动内容培育的两盆植物。(教师提前10天左右培育两盆非喜水植物，一盆里是正常土壤，另一盆土壤里埋进去塑料袋，起到阻碍水分疏导的作用。本节课开始前，两盆植物呈现出明显的长势区别，则更利于幼儿观察)

2. 幼儿每人一本《学习科学准备》分册。

过程

1. 教师呈现事先培育的两盆植物，引导幼儿观察植物的区别，启发幼儿思考原因。

2. 倒出土壤，让幼儿观察、比较，发表看法。

(1)引导幼儿观察、比较两盆土壤状态。

(2)引导幼儿说说为什么土壤里有塑料袋的那盆植物蔫儿了。

(3)教师总结：塑料袋混在土壤中，浇的水被塑料袋拦住了，渗不到盆外去，泥土经常湿漉漉的，使植物的根都烂掉了。而且，塑料袋对土壤还造成了污染，破坏了土壤的营养，植物吸收不到营养，就蔫了。

3. 翻开《学习科学准备》分册第35页，看图片，引导幼儿发现塑料袋对环境造成的污染，知道白色污染的危害。

(1)图片中的海洋怎么了？动物吃了什么东西？树怎么了？应该是什么样子的？教师总结：乱丢的塑料袋堵塞了水沟、河流，形成了水灾；动物吃了塑料袋死了；土壤被塑料袋污染了，植物也死了。

(2)说说生活中什么时候我们使用塑料袋(塑料饭盒、饮料瓶等)。

(3)白色污染：废弃的一次性塑料杯、塑料袋、饭盒、饮料瓶等塑料制品对我们生活的环境带来的污染就叫作白色污染。

4. 了解减少白色污染的办法。

去市场或超市买东西之前，可以从家里带上袋子，减少使用塑料袋。用完的塑料袋、喝完的饮料瓶不能乱丢，放到垃圾箱中。

延伸

通过小实验让幼儿进一步了解塑料袋是不会自行分解的。

实验方法：把幼儿分成几组，每组幼儿发一张白纸，一个塑料袋，一个盆，盆里倒进水。把白纸和塑料袋同时放进水里，搅动水。结果发现白纸变软了，用手很容易搓破，而塑料袋没有变化。

(1)教师介绍实验方法，先让幼儿猜测结果。

(2)让幼儿动手实验，观察结果，验证猜测。

13-1　户外观察：风从哪里来

目标

1. 感受发现风的大小，并尝试制造风。

2. 初步了解风的利与弊。

准备

1. 幼儿对于风有认知经验(知道刮风的现象和感受)。

2. 请幼儿在书包里带上本子、纸、书、手帕等常用物品。

3. 幼儿每人一本《学习科学准备》分册。

过程

1. 调动幼儿关于风的认知经验，引入活动。

2. 探索风的形成，感受风的大小。

(1)让幼儿用不同材料尝试制造风。

第一次，请幼儿用书包里的东西制造很小的风；第二次，请幼儿用书包里的东西制造大风。提醒幼儿在制造风的过程中要注意安全，手中的物体不能打到别的小朋友。

(2)让幼儿说说用了什么材料，是怎么制造风的。如：用书制造小风的时候是怎么做的，制造大风又是怎么做的。用什么东西制作的风最大，用什么制造的风最小。

(3)引导幼儿思考：我们用这些材料制造的风有一个什么特点?

教师总结：物体运动就会产生风。

(4)教师拿纸对着幼儿扇，问幼儿的感受，提问："为什么老师在这里扇，你们不在老师身边，却能感觉到风?"

教师总结：当物体运动时，带动了空气流动，就产生了风。

3. 翻开《学习科学准备》分册第 36 页，看图引导幼儿说说风的作用，以及给人们的生活带来的危害。

4. 风的作用：我们可以在野外放风筝；风是清洁能源，风力发电是无污染的发电方式；风能吹干衣服上的水，夏天风使人感到凉爽，拉风箱可以使火苗更旺，风可以传播花粉帮助植物繁殖等。

风的危害：强风卷起大量沙尘形成沙尘暴，危害人们的身体健康，也让土地沙漠化；强劲的大风摧毁树木或房屋，损害农作物，给交通出行带来影响，给人们的生产和生活带来损失；台风是世界上最严重的自然灾害之一，它带来的暴雨和海啸威力巨大，破坏人们生活的家园。龙卷风比台风的威力还要大，它能在瞬间拔起大树、掀翻车辆、摧毁建筑物，危害极大。

5. 户外体验、观察，用耳朵、眼睛和皮肤寻找风。

(1)教师引导幼儿用语言描述是如何找到风的。(看见树枝摆动，听见呜呜的风声，风吹在脸上痒痒的，头发飘起来了等)

(2)教师引导幼儿观察国旗飘动的方向，讨论、判断风的方向。

延伸

教师根据《学习科学准备》分册第 37 页所示风力等级表，让幼儿根据自己的体验说一说不同风级时看到的现象及感受。

13-2　手工制作：制作风速仪

目标

1. 探索感知风力和风速仪转动的关系，知道风速仪转动的次数越多，就表明风速越快。

2. 了解风速仪的用途。

准备

1. 请幼儿在家长的帮助下收集制作风速仪的材料(四个大小相同的瓶盖、两根吸管、软木塞、顶端为珠子的大头针、塑料珠、胶水)，有些材料可用类似的物品代替，上课时带来。

2. 幼儿每人一本《学习科学准备》分册。

3. 教师用上述材料按照《学习科学准备》分册第 38 页步骤所示提前制作好的一个风速仪。

过程

1. 出示制作好的风速仪，引导幼儿观察，初步了解风速仪结构和类型。

(1)教师先让幼儿观察风速仪，猜测名称和用途。

教师总结：这是转轮式风速仪，可以用来测量风速的大小。

(2)教师让幼儿试一试如何让风速仪转动起来(不用手或物体触碰风速仪)，知道风速仪是用来测量风力大小的仪器。

(3)教师启发幼儿说一说转轮式风速仪的组成部分(底座、转轴、风杆、风轮)。

2. 翻开《学习科学准备》分册第 38 页，如图所示，了解风速仪的多种类型。

转轮式风速仪，带有探头的更精密的风速仪器。

3. 教师演示，带领幼儿制作风速仪。

教师带领幼儿按照《学习科学准备》分册第 39 页的步骤制作风速仪。需提醒幼儿注意：四个瓶盖的方向要一致；使用大头针时要小心，可在下面垫上软木塞，分别扎透两根吸管。

4. 让幼儿测试做好的风速仪，体验风力大小和转动速度的关系。

让幼儿思考：如何能让风速仪转得快？用多种办法进行试验，说一说用了什么办法。

教师总结：风力越大，风速仪转得越快。

5. 教师引导幼儿思考风速仪的作用。

教师总结：我们能够根据风速仪转动快慢来确定风力大小。风速仪转动的次数多，就表明风速快。转动的次数少，就表明风速慢。有时候风速急速增加时，可能预示着会有大雨或暴雨来临。

延伸

1. 让幼儿拿着自制的风速仪到户外观察转动情况，加深对风速仪的了解。

2. 根据风力等级表判断当天的风速。

14-1　看图学知识：飞机的发明

目标

1. 了解飞机的发明历史。

2. 简单了解飞机的外形特征、基本结构和用途。

准备

1. 请幼儿在家长的帮助下收集各种飞机图片、玩具或模型，上课时带来。

2. 了解班上有哪些幼儿乘坐过飞机，请他们向小朋友们介绍乘坐飞机的体验和感受。

3. 幼儿每人一本《学习科学准备》分册。

过程

1. 教师由问题导入，引发幼儿兴趣，展开活动内容。

教师：“在所有的交通工具里，有一种交通工具的速度是最快的，小朋友们知道它是什么吗？”“如果我想去北京，可以乘坐哪些交通工具？”“哪种交通工具最方便？为什么？”

2. 翻开《学习科学准备》分册第40～41页，教师逐图讲解，让幼儿了解飞机的发明历史。

3. 通过回答问题，幼儿加深对飞机的认识，感受人类创造力的伟大。

问题如：人们是模仿什么动物飞行的？成功了吗？最早的飞机是什

么样子的？是谁发明了飞机？是什么样子的飞机？

4. 请幼儿展示、介绍自己带来的飞机图片或玩具、模型。

5. 引导幼儿有序地观察飞机的外形特征。

(1)飞机的主要结构：大多数飞机由五个主要部分组成：机翼、机身、尾翼、起落装置和动力装置。

(2)飞机外形与鸟的外形相比，有哪些相同点和不同点？

(3)飞机的主要用途：能运送旅客，运输货物，送邮件，科研考察，协助扑灭大面积火灾，还有军用飞机执行作战任务。

6. 引导幼儿观察描述各种飞机的区别。

7. 请班上坐过飞机的幼儿分享乘坐飞机的感受。

延伸

教师和幼儿共同搜集关于飞机的图片，包括：不同类型的飞机、机场、机舱环境、航拍图等，拓宽视野，丰富认知，激发幼儿对飞机及航空领域的兴趣。

14-2 科学实验：拉不开的书

目标

1. 在动手操作中，幼儿感知摩擦力，并对摩擦力现象感兴趣。

2. 了解生活中利用摩擦力的现象，知道摩擦力的作用。

准备

1. 教师找两本厚的、页面宽大的书(建议不少于200页)，把它们的书页彼此交叉重叠起来。可以多准备几组书页交叉重叠好的书。

2. 请每名幼儿征得家长的同意后从家带来一本书，不限要求。

3. 幼儿每人一本《学习科学准备》分册。

过程

1. 让幼儿体验“拉不开的书”，引发幼儿思考。

(1)教师出示准备好的两本书(页面交叉重叠在一起)，请两名幼儿试着向两边拉开。

教师：“这里有两本很普通，但又很神奇的书。请两名小朋友来试一试拉开这两本书，看看它们的神奇之处在哪里。”

(2)多请几组幼儿(每组两名)分别试着向外拉开这两本书，验证第一组幼儿的体验结果。

(3)请这些幼儿说说自己的感受。

2. 幼儿动手制作“拉不开的书”。

教师介绍制作的注意事项：把两本书的书页随意交叉重叠，交叉得越多越好。每两名幼儿一组，合作完成，教师巡回指导。

3. 让幼儿试着拉开叠压好的两本书，说说结果怎样。

建议：交叉书页时可能会出现多种情况，如有的书页交叉后重叠的面积大，有的重叠的面积小，有的交叉的页数多，有的交叉的页数少，教师应鼓励幼儿多次尝试，比较每次拉开书时所用力的不同。

4. 教师引导幼儿思考、揭秘“拉不开的书”。

让幼儿说说共尝试了几次，都成功把两本书拉开了吗，哪次拉开了，哪次没拉开，两本书页交叉的方式有什么不同。

教师总结：两本书有的容易拉开，有的很难拉开，这和书页间的摩擦力有关。如果重叠的书页多、面积大，那么摩擦力就大，两本书就很难拉开。如果重叠的书页少、面积小，那么摩擦力就小，也就很容易拉开了。

5. 翻开《学习科学准备》分册第 42 页，初步感知生活中的摩擦力，了解摩擦力的作用。

(1)如图所示：写字是利用笔与纸之间的摩擦，走路是利用鞋与地面之间的摩擦，擦玻璃是利用抹布与玻璃之间的摩擦。

生活中还有哪些地方用到了摩擦力？如塑料瓶盖上有竖纹，是为了增大摩擦力，方便拧开瓶盖；车轮上的纹路，防止车子打滑；刹车、划火柴等。

(2)如果没有摩擦力，将会怎么样？

如果没有摩擦力，就站不稳也走不好路，桌子椅子被我们轻轻一碰就会滑来滑去；挂在墙上的画全都掉了，因为钉子会从墙上滑落；刷牙的时候牙膏也挤不到牙刷上了，会掉到水池里然后直接滑进下水道；想吃饭的话手端不住碗拿不住筷子，牙齿连嚼东西也嚼不住；想穿衣服、拧瓶盖、开门都做不到……生活中处处都是困难，生活一片混乱。

延伸

让幼儿使用不同材质的纸或塑料布代替书进行试验，比较结果，交流感受。

15-1　观察：不一样的头发

目标

1. 利用多种感官，感知头发的基本特性。

2. 知道头发的作用及保护方法。

准备

1. 幼儿对头发有一定的观察和了解，知道如何洗头发、梳头发。

2. 幼儿每人一本《学习科学准备》分册。

过程

1. 猜谜引入活动。

教师："高高山上长堆草，密密麻麻长得好，一年四季常修剪，老了就会变白了。"小朋友们，你们知道是什么吗？

2. 观察头发，发现头发的不同特点。

(1)教师："我们每个人都有头发，那么我们每个人的头发长得都一样吗？"请一名幼儿上来，大家仔细观察，说说他的头发是什么样的。

(2)让幼儿摸一摸自己的头发，说说摸起来是什么感觉。

(3)观察其他小朋友的头发，让幼儿进行比较，说说发现。

3. 翻开《学习科学准备》分册第 43 页，让幼儿说说不同人种、年龄的头发是什么样的。

教师向幼儿介绍关于头发颜色的知识：自然生长的头发的颜色有很多种。因为头发里含有多种微量元素，每个人头发里的微量元素含量不一样，所以头发的颜色也就不一样了。我们中国人的头发普遍是黑色的，但是也有深浅的差异。西方人的头发大多是黄色、棕黄色、红棕色的。

头发的颜色和遗传也有很大关系，小朋友们可以回家看一看，自己头发的颜色和爸爸的一样还是和妈妈的一样。

4. 结合生活经验，说说头发有哪些作用，我们该如何保护头发。

头发的作用：健康的头发让人显得很漂亮；头发能保护头皮不受细菌的侵害，能缓冲外力；触觉作用，头发根的神经特别灵敏，可以让我们提高警觉，快速做出反应。(比如雨点滴在头上，小虫子飞到头上等)头发还能帮助我们调节体温，冬天保暖，夏天散热。医生还能用头发去检测我们体内的微量元素，有助于我们的成长。

如何保护头发：保持头发清洁，常用梳子梳头，多吃核桃、黑芝麻等对头发好的食物；不染发、不烫发，不用力撕扯头发等。

延伸

请幼儿为自己或别人设计一款发型，把设计出的发型通过多种方式展示出来。

15-2　看图说说：寒冷的冬天

目标

1. 有兴趣关注、观察冬季各种自然现象。

2. 能用完整、连贯的语言与同伴、教师交流并分享对季节的感性经验。

准备

1. 幼儿对冬季里的周围事物有一定的了解和感性认识。

2. 教师准备纸和笔。

3. 幼儿每人一本《学习科学准备》分册。

过程

1. 调动幼儿生活经验，说一说自己在冬天的感受及观察到的现象。

2. 翻开《学习科学准备》分册第 44～45 页，引导幼儿看图，理解画面内容，说说对冬天各种自然现象及人们冬季生活的了解。

3. 请冬季去过南方城市的幼儿说说自己的感受，向大家介绍一下那里的冬天和家乡的冬天是不是一样的。

4. 感知四季循环和季节变化。

(1)将幼儿分成几组，教师发放纸和笔，请幼儿以组为单位讨论并总结出春、夏、秋、冬每个季节的特点，用画简易图或符号的方式记录在纸上。

(2)请每组幼儿分别描述讨论结果。

(3)教师带领幼儿归纳、整理对于冬天的印象。

5. 让幼儿了解人们冬季防寒取暖的基本方法，懂得生命在于运动，培养幼儿不畏寒冷的坚强品质。

可以通过哪些方法让自己暖和起来：穿厚厚的服装(棉衣、手套、围巾、帽子等)，使用取暖设备(空调、电暖器、热水袋、电热毯等)，多运动。

延伸

户外游戏：教师带领幼儿在开阔的场地做游戏。活动的时候教师是风婆婆，幼儿是小雪花，要求幼儿按教师的口令来做。教师说“风大了”，幼儿边跑边发出“呜呜”的声音；教师说“风小了”，幼儿轻轻地跑；教师说“风停了”，幼儿就停下；教师说“谁到地里护麦苗”，幼儿就蹲下。游戏做1～2遍，幼儿周身感到微微发热为宜。

16-1　看图说说：自我保护办法多

目标

1. 了解动物保护自己的办法是多种多样的。

2. 有探索动物世界奥秘的兴趣，具有较细致的观察能力。

准备

1. 幼儿知道老虎身上的花纹是黄黑相间的条纹。

2. 幼儿每人一本《学习科学准备》分册。

过程

1. 通过问题导入，引发幼儿关注动物自我保护现象的兴趣。

教师引导幼儿回忆老虎身上的花纹，说说为什么它的皮毛是这种颜色。

2. 翻开《学习科学准备》分册第46～47页，看图，引导幼儿讨论：动物是怎样保护自己的？了解动物自我保护的多种方法。

(1)引导幼儿观察总结每组动物的共同特征，如：生活环境、外形特征、毛色与环境的关系等。

(2)教师向幼儿介绍每种动物自我保护的方法。

教师总结：每种动物都有保护自己的方法，如果它没有有效的方法保护自身，它也就无法生存了。在动物世界里，每一种动物在与对手的生死搏斗中，总有一套打击对手、保护自己的妙法。有些动物依靠自己身体的优势或独特的“本领”攻击对方和保护自己。

3. 请幼儿说说见过哪种书中举例的动物，是否看见过它们的自我保护办法，它们是怎么做的，为什么要这样做。

延伸

请幼儿回去后在爸爸妈妈的帮助下找一找，自然界还有哪些动物采用了书中提到的办法保护自己。

16-2　看图说说：动物怎样过冬

目标

1. 进一步知道动物会采用不同的过冬方式。（冬眠、迁徙、储存粮食、换毛）

2. 对动物的过冬方式感兴趣。

准备

1. 幼儿知道动物可以通过不同的方式过冬。

2. 幼儿每人一本《学习科学准备》分册。

过程

1. 由冬天的话题导入活动，引发幼儿兴趣。

教师：现在是冬季了，在寒冷的冬天，我们可以用什么方法让自己暖暖和和地过冬呢？（穿戴暖和，用取暖设备，运动）

2. 翻开《学习科学准备》分册第 48 页，教师引导幼儿讨论动物过冬的方法。

(1)教师：我们可以通过各种方法来过冬，那么小动物在这样冷的天气里又是怎样过冬的呢？

(2)总结以上动物过冬的办法：换毛、迁徙到温暖的地方、储存粮食、冬眠。

(3)请幼儿自行完成《学习科学准备》分册上的连线题，加深对动物过冬方式的了解。

(4)请幼儿说一说是怎么连线的，为什么。

3. 归纳总结。

动物们都非常能干：有的吃得饱饱的，动也不动，睡上一个冬大；有的迁徙到温暖的南方；有的换上又细又密的毛，像穿上了一件厚棉袄；有的储存好足够的食物，躲在窝里吃一个冬天。

延伸

在图书区投放关于动物过冬的书，扩展幼儿知识。

社会适应准备

1　告诉大家我是谁

目标

1. 能说清楚自己的基本信息。

2. 敢于在大家面前说话。

准备

1. 教师在班级中营造宽松的精神氛围。

2. 教师课前和幼儿聊一聊家庭情况、爱好等，便于上课时进行适当引导，同时也可以帮助梳理幼儿思路。

3.“击鼓传花”游戏用小鼓一个和纸花一朵。

4. 幼儿每人一本《幼儿入学准备课程——幼儿用书上册，社会适应准备》(以下简称《社会适应准备》分册)。

过程

1. 幼儿围坐成一个大的圆圈。

2. 教师组织幼儿玩“击鼓传花”游戏，鼓停了，花在谁手里谁就向大家介绍自己。

第一轮，幼儿坐在自己的座位上，自我介绍时只说姓名。

第二轮，幼儿起立，自我介绍时说自己的姓名+年龄。

第三轮，幼儿起立，自我介绍时说自己的姓名+年龄+爱好。

第四轮，幼儿走到圆圈中间，自我介绍时说自己的姓名+年龄+爱好+住址。

第五轮，幼儿走到圆圈中间，自我介绍时说自己的姓名+年龄+爱好+住址+家庭成员。

教师尽量让每一名幼儿都有机会做自我介绍。

3. 幼儿回到自己的座位，教师组织幼儿看《社会适应准备》分册第 2～3 页，给幼儿讲解其内容。

提示

如果班里没有小鼓，教师可以用任何能发出声响的小盒子等代替，纸花也可以用手绢、玩具等代替。

2 我的朋友

目标

能看到同学的特点、优点，并且和同学友好相处。

准备

1. 教师课前和幼儿聊一聊“朋友”的话题。

2. 幼儿每人一本《社会适应准备》分册，画笔若干。

过程

1. 教师引导幼儿说一说什么是“朋友”。

2. 教师引导幼儿说一说谁是你的朋友，他是什么样的人。

3. 教师引导幼儿打开《社会适应准备》分册第 4 页，给幼儿讲解其内容。

4. 幼儿拿出绘画用纸和笔，教师引导他们在《社会适应准备》分册第 5 页画出自己的朋友。

5. 幼儿互相交流，猜一猜对方画的是谁，看他画出朋友的特点了吗。

6. 教师请若干幼儿到前边和大家交流，先请大家猜一猜，然后自己讲一讲画的是哪位朋友。

7. 教师引导幼儿说一说我们应该怎么对待“朋友”。

3　我能管住自己

目标

懂得每个人都要学会自己管住自己，不要老让别人管着，逐步学会自理自治。

准备

1. 课前教师和幼儿聊一聊自我管理的话题。

2. 幼儿每人一本《社会适应准备》分册。

过程

1. 教师引导幼儿说一说平时谁管着自己，为什么他要管。

2. 教师引导幼儿说一说有没有自己管住自己的时候，是什么时候，是怎么管住自己的。

3. 教师引导幼儿说一说为什么要自己管住自己。

4. 教师引导幼儿打开《社会适应准备》分册第 6～7 页看画面内容，让幼儿自己决定哪个画“√”，哪个画“×”。

5. 教师和幼儿讨论为什么有些应该画“√”，有些应该画“×”。

6. 教师引导幼儿说一说以后我们应该什么时候管住自己，怎样管住自己。

4　在路上我该这样做

目标

知道在路上要遵守交通规则和社会公德。

准备

1. 教师课前和幼儿谈论遵守交通规则和社会公德的话题。

2. 幼儿每人一本《社会适应准备》分册。

过程

1. 教师引导幼儿说一说自己在路上有没有遇到过危险的事情，原因是什么。

2. 教师和幼儿聊一聊如果要过马路应该怎么做。

3. 教师和幼儿聊一聊走在路边时应该怎么做。

4. 教师和幼儿聊一聊走在路边不能做哪些事情或玩哪些游戏。

5. 教师引导幼儿打开《社会适应准备》分册第 8～9 页看画面内容。

6. 教师归纳在路上应注意的事项，提醒幼儿安全第一，同时不要破坏公物。

5　乘坐公共汽车时我应该这样做

目标

1. 知道乘坐公共汽车时应遵守的规则。

2. 在保证自己安全的同时不妨碍别人。

准备

1. 教师课前和幼儿谈论乘坐公共汽车的话题。

2. 幼儿每人一本《社会适应准备》分册。

过程

1. 教师让幼儿打开《社会适应准备》分册第 10～11 页，问幼儿在书上看到了什么。

2. 教师和幼儿一起讨论我们在上公共汽车时、坐公共汽车时、下公共汽车时分别应该怎么做，应注意什么。

3. 教师完整归纳，强化幼儿乘坐公共汽车时的规则意识。

6　在幼儿园里我应该这样做

目标

增强规则意识，在园里能自觉遵守各项规则。

准备

1. 教师课前和幼儿谈论在幼儿园的各个环节幼儿应该怎么做。

2. 幼儿每人一本《社会适应准备》分册。

过程

1. 教师和幼儿讨论“来园”环节，幼儿应该做哪些事。

2. 教师和幼儿讨论“上课”时，幼儿应该怎样做。

3. 教师和幼儿讨论“做完手工”时，幼儿应该怎样做。

4. 教师和幼儿讨论“户外游戏”时，幼儿应该怎样做。

5. 教师和幼儿讨论“做操”时，幼儿应该怎样做。

6. 教师和幼儿讨论进餐完后，幼儿应该怎样做。

7. 教师和幼儿讨论上楼、下楼时，幼儿应该怎样做。

8. 教师让幼儿打开《社会适应准备》分册第 12～13 页，看看书上是怎么说的。

9. 教师归纳总结。

提示

教师可根据本班实际情况决定和幼儿讨论的环节和内容。

7　我会帮助家里做事情

目标

知道要主动为家里做些力所能及的事，做个懂事的孩子。

准备

1. 教师课前和幼儿谈论你为家里做过什么事情。

2. 幼儿每人一本《社会适应准备》分册。

过程

1. 教师和幼儿讨论你在家里为妈妈做过什么事情。

2. 教师和幼儿讨论你在家里为爸爸做过什么事情。

3. 教师和幼儿讨论你在家里为老人做过什么事情。

4. 教师和幼儿讨论你在家里为弟弟或妹妹做过什么事情。

5. 教师和幼儿讨论你还为家里做过什么事情。

6. 教师让幼儿打开《社会适应准备》分册第 14～15 页，看看书上的小朋友为家里做过的事情。

7. 教师归纳。

8　我每天都坚持上幼儿园

目标

能克服一些小困难和诱惑，坚持来上幼儿园。

准备

幼儿每人一本《社会适应准备》分册。

过程

1. 教师和幼儿讨论每天来幼儿园高兴不高兴，为什么。

2. 教师和幼儿讨论如果每天不来幼儿园，有什么不好，为什么。

3. 教师让幼儿打开《社会适应准备》分册第 16 页和第 17 页，看看书上说了什么事。

4. 教师让幼儿说说自己有没有克服小困难来上幼儿园的事情。

5. 教师让幼儿说说自己有没有拒绝小诱惑来上幼儿园的事情。

6. 教师归纳，鼓励幼儿尽量克服小困难、拒绝小诱惑来上幼儿园。

9　我不怕困难

目标

知道要不怕困难，并且想办法克服困难。

准备

1. 教师和幼儿谈论他们平时遇到的小困难。

2. 幼儿每人一本《社会适应准备》分册。

过程

1. 教师让幼儿打开《社会适应准备》分册第 18 页，问幼儿在书上看到了什么。

2. 教师和幼儿谈论他们平时遇到过哪些小困难。

3. 教师和幼儿谈论他们遇到困难后是怎么做的。

4. 教师和幼儿说一说自己遇到过的困难(限于适合幼儿理解的小困难)以及自己是怎么克服这些困难的。

5. 教师归纳，告诉幼儿遇到小困难不可怕，我们可以克服它。

10　我不怕失败

目标

知道做事情有时可能会失败，但不害怕失败，勇于再次尝试。

准备

幼儿每人一本《社会适应准备》分册。

过程

1. 教师和幼儿讨论什么是成功，什么是失败，失败后接下来应该怎么做。

2. 教师和幼儿讨论你失败过吗，失败后你是怎么做的。

3. 教师和幼儿说说自己曾经的小失败(限于适合幼儿理解的小失败)，自己失败后是怎么做的。

4. 教师让幼儿打开《社会适应准备》分册第 19 页。问幼儿书中的小朋友遇到过哪些失败，他们在失败后是怎么做的。

5. 教师归纳，有时可能会失败，但我们不害怕失败，要勇敢地再次尝试。有时要接纳失败，以后再努力。

11　乘坐电梯时我该这样做

目标

知道乘坐电梯时应遵守规则，以保证安全。

准备

幼儿每人一本《社会适应准备》分册。

过程

1. 教师和幼儿一起讨论电梯给我们的生活带来哪些好处。

2. 教师让幼儿打开《社会适应准备》分册第 20～21 页。问幼儿在书上看到了什么。

3. 教师和幼儿讨论书中的内容。

4. 教师问幼儿在乘坐电梯时遇到过危险的事情没有，或听别人说过乘坐电梯时遇到危险的事情没有。

5. 教师和幼儿讨论乘坐电梯时应该怎么做。

6. 教师归纳，乘坐电梯时一定要遵守各项规则，以保证安全。

12　做事要专心

目标

知道做事要专心。

准备

幼儿每人一本《社会适应准备》分册。

过程

1. 教师和幼儿讨论什么是“专心”。

2. 教师和幼儿讨论什么时候需要“专心”。

3. 教师和幼儿讨论如果不“专心”会有什么不好的结果。

4. 教师和幼儿讨论你觉得你什么时候最“专心”。

5. 教师让幼儿打开《社会适应准备》分册第22～23页。问幼儿书上的小朋友什么时候是“专心”的。

6. 教师归纳总结，做事情的时候、学习的时候、有时游戏的时候都需要专心。

13 爱惜与节约

目标

知道要爱惜与节约生活中的物品和资源。

准备

1. 教师在平时用自己的行动体现节约。

2. 幼儿每人一本《社会适应准备》分册。

过程

1. 教师和幼儿讨论什么是“节约”。

2. 教师和幼儿讨论怎么做就是“节约用水”。

3. 教师和幼儿讨论怎么做就是“节约粮食”。

4. 教师和幼儿讨论怎么做就是“节约纸张”。

5. 教师让幼儿打开《社会适应准备》分册第24页和第25页，看书上的小朋友是怎么做到节约的。

6. 教师和幼儿讨论还有什么东西应该节约。

7. 教师归纳总结，身边的东西都应该节约。

提示

“节约”这一话题不应仅体现在教师给幼儿上的一节课上，而要体现在教师和幼儿的日常行动中，并逐渐成为习惯。

14 我会整理东西

目标

学习自己整理东西。

准备

1. 幼儿平时有自己整理东西(玩具、衣物等)、叠被子的机会。

2. 幼儿每人一本《社会适应准备》分册。

过程

1. 教师让幼儿打开《社会适应准备》分册第 26～27 页，问幼儿书上的小朋友在干什么。

2. 结合画面，教师和幼儿讨论应该怎么整理东西。

3. 教师给幼儿分工，让幼儿分别进行整理实践，整理图书区、角色区、自己的书包等。

4. 幼儿整理开始之前，让他们分别先说说打算怎么整理。

5. 幼儿整理过程中，教师不要打扰他们的行为，让他们在探索中进行整理。

6. 幼儿整理完毕后，教师引导幼儿回顾，说说自己是怎么整理的，顺序是什么。

7. 教师归纳整理的方法，并让幼儿说说东西摆放整齐后的心情。

15 我能完成老师交给我的任务

目标

逐步养成认真完成任务的习惯。

准备

1. 教师平时给幼儿一些适合他们完成的小任务，如：负责给班里养的小鱼喂食、给植物浇水、收拾活动区等。

2. 幼儿每人一本《社会适应准备》分册。

过程

1. 教师给幼儿总结近期他们完成任务的情况，说一说谁任务完成得好，谁把任务忘了，没有完成。

2. 教师和幼儿讨论没有完成任务的后果会怎样，如：小鱼饿了、植物干死了、活动区太乱了后边小朋友没法游戏等。

3. 教师让幼儿打开《社会适应准备》分册第 28～29 页，看书上的小朋友都完成了哪些任务。

4. 教师和幼儿讨论咱们班里有哪些事情需要分配给大家做，明确幼儿的分工。

5. 幼儿分组讨论本组的任务，制定更细致的分工，讨论是否需要记录、用什么方法记录等。

6. 全体幼儿交流，教师归纳。

16　我们在班里很快乐

目标

感受生活中的快乐，做一个阳光的孩子。

准备

1. 教师平时多表扬、鼓励幼儿，给他们多些正能量，在班里营造快乐的氛围。

2. 幼儿每人一本《社会适应准备》分册。

过程

1. 教师和幼儿讨论什么是“快乐”。

2. 教师和幼儿讨论什么时候、因为什么事情快乐。

3. 教师让幼儿打开《社会适应准备》分册第 30 页，看书上的小朋友因为什么事情快乐。

4. 教师和幼儿讨论快乐的重要性、必要性。

5. 教师归纳。

提示

教师和幼儿讨论“快乐”时，不仅要涉及幼儿经常会说到的，比如“妈妈给我买了新衣服”“我吃到了好吃的东西”这类浅层次快乐，还要引导幼儿体会完成任务后、克服困难并取得成功后的深层次快乐。

学习美术准备

1-1　添画：花雨伞

目标

1. 能尝试用多种线条装饰雨伞。
2. 感受添画的乐趣。

准备

1. 每人一本《幼儿入学准备课程——幼儿用书上册，学习美术准备》（以下简称《学习美术准备》分册）。
2. 水彩笔。
3. 带不同花纹的雨伞若干。

过程

1. 情景导入：念儿歌《雨伞》。

小小雨伞穿花衣，
小朋友们最喜欢。
晴天帮我遮太阳，
雨天帮我挡风雨。

撑开不同图案的雨伞，请幼儿观察。

教师提问以下问题。

这些雨伞有什么不一样？

你都在这些雨伞上看到了哪些花纹或图案？

这些花纹或图案都是用什么图形或线条组成的？

2. 教师进行引导。

(1)教师拿出两个剪好的伞面给幼儿演示圆形伞面的装饰方法。

(2)教师请小朋友给自己的小雨伞装饰漂亮的花纹或图案。

3. 教师进行指导。

(1)看看谁的小花伞设计得和别人的不一样！（鼓励幼儿尝试用多种线条或图形进行装饰）

(2)你想打着伞站在什么地方呢？（引导幼儿想象出不同背景可以在画面上进行添画）

建议

练习圆形的线条装饰，除了画小雨伞，还可以让幼儿装饰纸盘子，这样能帮助幼儿巩固圆形的线条装饰画。

1-2 填色：小星星

目标

1. 能用鲜艳的颜色涂画星星。

2. 感受暗色与亮色的对比关系。

准备

1.《闪烁的小星星》的音乐带。

2. 每人一本《学习美术准备》分册。

3. 彩色水彩笔或油画棒。

过程

1. 情景导入：唱《闪烁的小星星》儿歌。

教师先和幼儿一起唱《闪烁的小星星》这首歌，可以带着幼儿用手模仿小星星闪烁的样子。

教师提问：你见过夜空中的小星星吗？

它们是什么样子的？

它们为什么会那么亮呢?

有了这小星星夜空才变得这么漂亮。

你觉得小星星还可以是什么颜色?哪些颜色会让黑暗的夜空更美丽?

2. 教师进行引导。

教师边说边做示范。

(1)今天请小朋友和老师一起把漂亮的小星星变到纸上。

(2)你可以把你喜欢的颜色都变成一个个的小星星。

3. 教师进行指导。

(1)看看哪个小朋友的小星星颜色最漂亮。

(2)看看谁的小星星最多。

建议

1. 活动前可以给幼儿欣赏一些夜空或星空的图片,让幼儿更直观地感受夜晚天空的美。

2. 活动可以分成两次进行,先学习《闪烁的小星星》这首歌曲,再进行小星星的涂色活动。

2-1　添画:爱吐泡泡的小鱼

目标

1. 会画大小不同封闭的圆。

2. 能大胆使用多种颜色进行绘画。

3. 感受添画的乐趣。

准备

1. 每人一本《学习美术准备》分册。

2. 彩色水笔。

3. 轻快的音乐。

过程

1. 情景用儿歌导入。

教师:小鱼小鱼真爱玩,游来游去不疲倦。围个圆圈吐泡泡,哪个泡泡大又圆?

2. 教师提问。

(1)小鱼最喜欢在什么地方玩啊?

(2)它们最喜欢玩什么游戏呢?

(3)你们猜猜小鱼会吐出什么颜色的泡泡呢?你想让它吐出什么颜色的泡泡呢?

3. 教师指导。

(1)现在就请小朋友来和自己的小鱼一起来玩吐泡泡的游戏吧!

(2)泡泡有大有小，还有漂亮的颜色!我们看看谁的小鱼吐出的泡泡最漂亮!

(3)你还想让谁来和小鱼一起玩?(引导幼儿添画出水里其他的小动物)

建议

活动之前可以带着幼儿玩吹泡泡的游戏，让幼儿直接感受泡泡的形状和大小的变化。

2-2　线条画：快快长大的小种子

目标

1. 认识几种基本的颜色，并能用这些颜色画出不同的线条。

2. 会用小的图形进行添加和装饰。

3. 体验大胆绘画的乐趣。

准备

1. 幼儿每人一本《学习美术准备》分册。

2. 水彩笔。

过程

1. 情景导入。

教师：春天到了，大树妈妈在土地里种了许多的种子宝宝，树妈妈还给宝宝们起了好听的名字：红宝宝、黄宝宝、绿宝宝……外面很冷，树妈妈怕宝宝们冻坏了，总不让它们出去玩。一天树妈妈睡着了，种子宝宝们商量好了，一起偷偷到外面去看看。红宝宝怕吵醒妈妈，轻轻地走了出去。蓝宝宝早就等不及了，一下子就跑了出去。黄宝宝则边跳边唱跑了出去。(教师边讲故事边示范各种线条的画法)这里还有这么多的种子宝宝没有出去呢，小朋友们能猜出他们是怎么跑出去的吗？（鼓励幼儿大胆想象，并让他们在教师的作品上继续添画上自己想出来的线条）

2. 教师引导。

(1)教师：现在请小朋友在书上种上自己的种子宝宝，看看谁的种子宝宝的颜色最多！（鼓励幼儿用多种颜色进行绘画）

(2)“你想让它们怎么钻出来呢?”(引导幼儿用不同线条表现不同的行为，什么颜色的种子要用这个颜色的线条来对应）

3. 幼儿分享。

请幼儿说说自己都种了什么颜色的小种子，它们都是怎么钻出地面的。(引导幼儿用完整的语句表达自己的画面内容，能准确地表达出所用的颜色及线条）

建议

活动前可以带着幼儿一起玩一个小种子的游戏：先请幼儿都趴在桌子上，装作睡着的小种子，当教师摸到哪个小朋友的头时，他就可以学着小种子的样子慢慢长大，并自己设计一个姿势保持不动。最后大家可以看一看，谁的样子最可爱，通过游戏增添活动的趣味性。

3-1　线条画：打电话

目标

1. 会手腕灵活、流畅自如地画出螺旋线。

2. 喜欢用打电话的方式与同伴交流。

准备

1. 幼儿每人一本《学习美术准备》分册。

2. 水彩笔。

过程

1. 情景导入。

“我们一定都有自己的好朋友，你都给哪个好朋友打过电话呢？他们接电话的时候都是什么表情呢？拿起小笔画出你想象中他们的样子吧！”

2. 教师进行引导。

(1)现在请小朋友先在书上画出你的好朋友，他们都是谁呢？是男生还是女生？有怎样的发型？(引导幼儿尽量细致地描画自己好朋友的外形特征)

(2)你想和谁打电话呢？请把小耳朵靠近电话线听一听，他在说什么？电话线一定连接着你和好朋友的耳朵，这样才能听到对方说什么啊。

3. 幼儿进行分享。

说说你的好朋友都是谁，你都给谁打电话了，幼儿可以走到好朋友身边，悄悄地说说你想给他打电话说些什么。(增加活动的情趣性)

建议

活动前可以带着幼儿玩玩打电话的游戏，也可以一起来唱《打电话》这首儿歌。

3-2　绘画：可爱的毛毛虫

目标

1. 用圆连接出有动态的毛毛虫。

2. 能画出各种表情的毛毛虫。

准备

1. 每人一本《学习美术准备》分册。

2. 油画棒。

3. 水彩笔。

过程

1. 情景猜谜语导入。

教师：小朋友们先来猜个谜语吧。“身体长又软，长着许多脚。自己造房子，飞出变蝴蝶。”对，它就是可爱的毛毛虫，你们见过的毛毛虫是什么样子呢？毛毛虫是怎样爬行的呢？(引导幼儿感受毛毛虫爬行时的身体变化)

2. 教师进行引导。

(1)我们来用很多个圆形来变出一条可爱的毛毛虫吧。(引导幼儿变化圆的连接位置，来表现蠕动的毛毛虫)

(2)每条小毛毛虫都有自己的心情，我们用不同的表情来表示它们不一样的心情吧！(引导幼儿说出不同的表情，教师进行添画)

(3)“你想让自己的小毛毛虫在什么地方游戏呢?”(进行不同背景的添画)

3. 教师进行指导。

(1)想想刚才老师说过怎么能让毛毛虫动起来。(提醒幼儿圆和圆连接时的位置变化)

(2)别忘了添画脚和背毛。

(3)你还可以给它们穿上漂亮的衣服。(给毛毛虫涂上自己喜欢的颜色，每条毛毛虫的颜色要不一样)

建议

活动前，教师可以带着全班幼儿连成一排玩毛毛虫的游戏，引导幼儿有起伏地前进，感受毛毛虫身体的变化。

4-1 线条画：大狮子的长头发

目标

1. 敢于尝试用多种线条对大狮子的毛发进行装饰。

2. 会用同类色装饰大狮子的脸。

准备

1. 幼儿每人一本《学习美术准备》分册。

2. 水彩笔。

3. 油画棒。

4. 简单的理发工具。

过程

1. 情景提问导入。

教师：现在请小朋友看看我这里是什么东西。

知道今天谁要来我们这里换发型吗?

(出示大狮子的图片)

不过在它变发型之前大狮子想先请小朋友们帮它设计一个与众不同的发型。

不同的脸型要设计出不同的发型。

2. 教师进行引导。

(1)教师：你的大狮子的脸是什么形状的？(鼓励幼儿想出多种形状作为大狮子的脸)

(2)你打算用哪个相近色来装饰大狮子的脸？(为了让画面不凌乱可以让幼儿用相近色来涂色，要注意五官和脸部颜色的搭配)

(3)你打算给大狮子设计一个什么样的发型呢？(引导幼儿充分利用已掌握的装饰线条)

3. 全班欣赏点评。

(1)你为什么要给大狮子设计这样的发型呢？(引导幼儿说出自己的设计意图，如：这种头发看起来更威武、精神、温柔、厉害等)

(2)我们一起来为大狮子挑选几个比较适合它的发型吧！(给没有被选上的幼儿提出修改建议，帮助他们在原有的基础上提高)

建议

1. 可以用这种方法做成大狮子的面具，供幼儿在平时的游戏中使用。

2. 还可以引导幼儿选择多种适当的材料来制作大狮子的毛发。

4-2　添画：出壳的鸡宝宝

目标

1. 感受添画的乐趣。

2. 能用简单的线条表现小鸡的动态。

3. 在绘画的过程中产生喜爱小动物的情感。

准备

1. 幼儿每人一本《学习美术准备》分册。

2. 水彩笔。

过程

1. 教师用儿歌进行情景导入。

“小蛋壳，圆又圆，小鸡宝宝睡中间。伸个懒腰顶破壳，露出绒绒的小脸蛋。骨碌碌的眼睛黑又亮，圆鼓鼓的身体嘴巴尖。”

教师带着幼儿边说儿歌边做动作，让幼儿感受小鸡宝宝的可爱。

2. 教师进行引导。

(1)出示幼儿用书，教师：咦？为什么蛋壳都是空的啊？里面的鸡宝宝都跑到哪里去了？小朋友快来和老师一起来找找吧！(请幼儿说说鸡宝宝都有可能跑到哪里去了)

(2)现在我找到了几只鸡宝宝，你们来看一看！教师一边说一边进行添画。哦，有的鸡宝宝还藏在蛋壳里呢。看！它偷偷地露出半个小脑袋。有的鸡宝宝正跑回来找自己的妈妈呢！

(3)现在也请小朋友们把你们的鸡宝宝给找回来吧，看看谁找到的鸡宝宝最多！

3. 教师进行指导。

(1)画鸡宝宝可以是半个身体，也可以是整个身体。

(2)你想让你的鸡宝宝往哪个方向跑呢？(注意引导变化嘴的方向，画出不同动态的小鸡宝宝)

(3)为了小鸡宝宝不再跑丢，我们给它们围个小栅栏吧。(引导幼儿画出短线作为小栅栏)

建议

不要强调一定要把小鸡的身体画圆，只要幼儿能画出封闭形就可以了，这样画出的小鸡会更有稚拙感。

5-1　线条画：美丽的彩霞

目标

1. 能用流畅不间断的线条表现美丽的彩霞。

2. 喜欢尝试用多种颜色进行表现。

准备

1. 幼儿每人一本《学习美术准备》分册。

2. 水彩笔。

3. 晚霞或朝霞的图片。

过程

1. 教师用图片进行情景导入。

欣赏图片，教师提问。

在这些图片的天空中你都看到哪些漂亮的颜色了？

在我们经常见过的天空中你看到过这些颜色吗？

这些颜色都会在什么时候出现？

如果请你来画一幅美丽的天空你会怎么表现？

2. 教师进行引导。

(1)今天我们要用一些长长的彩色线条来表现天空中的彩霞。

(2)为了让画面饱满有层次，在画彩霞之前要先在纸的下方画上一些自己喜欢的景物。(添画上一些树、房子、人、车等简单的景物)

(3)它们密密麻麻地铺满整个天空。(每个线条距离都很近，所以画的时候不能太快)

(4)因为彩霞有很多种颜色，所以我们也要经常变化颜色来画，这样天空才会更漂亮!

3. 教师进行指导。

(1)我们尽量用长长的线来画彩虹。

(2)看看谁的彩虹颜色变化得最多。

建议

1. 这个活动也可以以剪贴添画的方式来进行。

2. 还可以用不同的材料来表现，如投放软头笔和水粉颜料。

3. 在区域活动中可以让幼儿尝试其他的表现方式来表达彩色的天空。

4. 可以提供多种表达天空的图片，布置在教室内供幼儿欣赏。

5-2　油水分离画：月亮城堡

目标

1. 尝试油水分离的新画法。

2. 通过新的绘画形式提高参与的兴趣。

准备

1. 油画棒。

2. 水粉颜料。

3. 水粉笔。

4. 图画纸。

5. 幼儿每人一本《学习美术准备》分册。

过程

1. 教师用变魔术方法情景导入。

教师：今天老师要给小朋友们变一个小魔术，请大家要仔细看好啊！

2. 教师进行引导。

教师先在白纸上用白色的油画棒画出一些线条或图形，请幼儿说说看到了什么。如果幼儿说看不清楚，教师要装作很神秘的样子说：“现在我要在之上涂上一层深颜色，你们再看看会有什么变化。”用深色的水粉颜料涂满整张纸，线条就会清晰地显露出来。告诉幼儿这叫作“油水分离”画法。

(1)你们想不想用这种方法变出一张画啊？

(2)今天我们就用这种方法变出一座月亮上的城堡吧！

(3)我们先用浅颜色的油画棒画出月亮城堡的线条画，然后再用深色的水粉颜料均匀地涂满整张纸，一幅漂亮的油水分离的画就画好了，小朋友快来试一试吧！

3. 教师进行指导。

幼儿在画的过程中，教师要引导幼儿尽量把线条画得丰富一些，这样最后出来的效果才会更好。涂水粉色的时候，要提醒幼儿不要一次蘸太多的水，而且要涂抹均匀。

建议

1. 可以让幼儿用这种方法尝试很多种内容，以线条装饰画效果最好。

2. 也可以给幼儿提供海绵棒，让幼儿蘸上颜色点印在背景上，会出现另外一种特殊的效果。

6-1　撕贴画：花瓶和花

目标

1. 学会剪六瓣花或八瓣花的方法。
2. 能用对折的方法撕出完整的花瓶。
3. 体会动手粘贴的乐趣。

准备

1. 打印纸、彩色复印纸。

2. 幼儿每人一本《学习美术准备》分册。

3. 水彩笔。

过程

1. 情景导入，教师提问。

小朋友都见过什么样的花朵？

它们都是什么颜色的？

它们都是几瓣的？

如果给你一些花，你会选择什么样的花瓶来放它们？

2. 教师进行指导。

(1)现在给你一张纸，你能用最快、最省事的方法变出一个完整对称的花瓶吗？(引导幼儿用对折的方法，撕或剪出一个完整的花瓶。能力差一点的幼儿，教师可以先让他用笔画出花瓶的形状，再沿着线条去撕。提醒幼儿花瓶要画在折缝的一边)

(2)看看我是怎么把一张方形纸变成一朵小花的！(示范六瓣花和八瓣花的折和剪法，可以带着幼儿一步步地尝试。鼓励幼儿用这种方法剪出不一样形状的花朵)

(3)最后选择一张与花瓶和花颜色都不一样的彩色复印纸作为背景纸，把撕好的花瓶和剪好的花粘贴到背景纸上。一幅美丽的剪贴画就做好了！

3. 全班欣赏点评。

(1)谁的花瓶的形状最奇特。

(2)谁剪的花朵最与众不同。

(3)谁的作品整体颜色搭配得最好看。

(4)谁还在花瓣上画上了漂亮的线条。

建议

1. 教师可以在区域活动的墙面上，贴出剪六或八瓣花的步骤图，以便幼儿平时练习。

2. 花朵也可以用白色打印纸来剪，幼儿可以用自己喜欢的颜色来涂色。

3. 还可以让幼儿把花瓶装饰上美丽的线条。

6-2 棉签画：大狮子的长头发

目标

1. 能用多种线条大胆表现狮子的毛发。

2. 喜欢用鲜艳的颜色进行绘画。

3. 尝试用水粉作画。

准备

1. 幼儿每人一本《学习美术准备》分册。

2. 水粉颜料、棉签。

3. 毛巾。

过程

1. 教师给幼儿编一个和内容有关系的故事做情景导入。

“森林里有一只爱美的大狮子，它有一头蓬松的长头发，每隔一段时间它都会给自己换一个发型。最近它又打算给自己设计一个新的发型了，可是它怎么也想不出有什么新的花样了，所以它想请小朋友们帮帮它呢。”

2. 教师进行引导。

(1)小朋友们快帮大狮子想想，它还可以梳什么样的发型啊？(引导幼儿用具体的线条描述发型的样子，如：用波浪线或电话线可以表示卷发，用一个个的小圆连起来可以表示小辫子等)

(2)现在请小朋友们来当一回设计师，给大狮子设计一个很漂亮的发型吧！

(3)看看哪个小朋友和别人设计出来的发型不一样。(鼓励幼儿大胆尝试画出不同的线条)

3. 教师进行引导。

(1)先用棉签蘸上自己喜欢的水粉颜料。

(2)在画好的大狮子脸的周围画上自己设计的头发。

(因为幼儿是第一次用水粉和棉签，所以教师要示范绘画的步骤，及用这些材料的常规)

建议

1. 如果幼儿对这个活动感兴趣，还可以继续请他们给大狮子的脸涂抹上自己喜欢的颜色。

2. 也可以把狮子眼睛部分掏空，变成一个狮子的面具，让幼儿戴着自己做的面具模仿大狮子进行游戏。

7-1 添画：窗外的风景

目标

1. 能用线条画出美丽的风景。

2. 敢于想象窗外奇特的风景，并表现出来。

准备

1. 水彩笔

2. 幼儿每人一本《学习美术准备》分册。

过程

1. 教师提问题进行情景导入。

教师：这里有一扇美丽的窗户，小朋友能想象一下窗外有什么样的美丽景色吗？也许是一座梦中的城堡，也许是天空中飞翔的小鸟，也许是双好奇的充满幻想的大眼睛。现在请你来说一说，如果你有一扇这样美丽的窗户，它的外面会是什么样的风景呢？（教师引导幼儿大胆想象，尽量描述得离奇而与众不同）

2. 教师进行引导。

现在请你把自己想象的窗外的风景添画在窗户的中间，可以用美丽的线条，也可以用好看的颜色。（引导幼儿尽量把中间的空间充满，线条要丰富，可以是具体的情节，也可以是抽象的内容）

3. 全班分享点评。

请幼儿互相分享各自的作品，说一说自己的想法，介绍一下自己窗外美丽的风景。教师可以适当地提些建议，如：构图、线条、色彩等，帮助幼儿完善自己的作品。

建议

1. 活动前可以带着幼儿一起欣赏米罗的作品，帮助幼儿理解抽象的概念，知道抽象的作品也能表达一定的思想和内容。也可以尝试让幼儿画几幅抽象画。

2. 这个活动也可以让幼儿合作来完成，给每个组准备一张大纸，幼儿分工集体完成创作，并布置在教室内。材料上也可以让幼儿充分选择，尝试画以外的一些方法。

7-2 滴画添色：看看像什么

目标

1. 通过玩颜色感受颜色变化的奇妙。

2. 感受抽象画的形式美。

准备

1. 幼儿每人一本《学习美术准备》分册。

2. 水粉颜料、毛笔、涮笔筒。

3. 油画棒。

过程

1. 教师做简单的情景导入。

教师：今天老师要请小朋友一起来玩颜色，而且我们还能玩出一张很好看的画呢！

2. 教师进行引导。

(1)我先在书上滴上红黄蓝三种颜料，不能把它们滴在一起，让它们分开一些，然后我要把纸来回地转动，看看会出现什么效果！（可以用毛笔蘸上颜料滴到纸上，转动时要让颜料流动起来，并交错融和到一起）

(2)等这些颜料干了以后，我要选择自己喜欢的颜色，在空隙处涂满，这样一张好看的抽象画就完成了！

建议

1. 如果晾画的时间比较长，可以把活动分成两次完成。

2. 颜料教师可以帮助提前调好，不要太黏稠。

3. 教师不要怕幼儿把自己弄得太脏，因为这样玩颜色可以大大调动幼儿对绘画的积极性。在此过程中，他们可能会创作出很多我们意想不到的作品。

4. 如果怕幼儿把衣服弄脏，可以让幼儿准备家里的旧衬衫，或是围裙、套袖。

8-1　黑白画：蚂蚁洞

目标

1. 能描绘出小蚂蚁的外型特征，并表现出一定的情节。

2. 体会合作画的乐趣。

准备

1. 幼儿每人一本《学习美术准备》分册。

2. 黑色水彩笔。

过程

1. 情景导入，教师提问。

(1)小蚂蚁整天都是忙忙碌碌的在搬东西，它们把东西都搬到哪儿去了呢？

(2)小蚂蚁的家是什么样子的呢？住的环境是什么样子的呢？(鼓励幼儿大胆想象蚂蚁洞的样子)

(3)是不是和我们小朋友的家一样，有家具和电器，有卧室和卫生间呢？周围有马路，有红绿灯和人行道，还有汽车？(通过引导帮助幼儿拓展思维)

2. 教师进行引导。

(1)先请幼儿说说小蚂蚁的外型特征，边说教师边画出来。

(2)告诉幼儿如何画蚂蚁洞，每个洞的形状可以不一样，有大一点的，也可以有小一点的。

(3)引导幼儿把每个洞都设计成一个小房间，通过家具的摆设知道这个房间是做什么用的。

(4)最后可以把通道的地方设计成马路，并空出所画的物体涂成黑色。这样更能突出房间和通道的区别。

3. 幼儿进行合作游戏。

最后把幼儿的作品全部连接粘贴到一起，就能形成一个大的蚂蚁洞。可以和幼儿一起玩迷宫的游戏，教师指出入口和出口，幼儿来选择通道，看谁走得最快，体会合作画的乐趣。

建议

1. 教师要先在绘画纸上给幼儿点好蚂蚁洞的四个口，注意当幼儿的画都连接到一起时，所有的洞口都是可以相接的。

2. 尽量引导幼儿画出丰富的情节，这样画面才更有意思。

8-2　线条画：坏脾气的风爷爷

目标

1. 会画旋转的线条，感受线条的流畅性。

2. 能大胆使用多种颜色进行绘画。

3. 练习小肌肉与大肌肉的协调灵活性。

准备

1. 风声的音乐或录音。

2. 幼儿每人一本《学习美术准备》分册。

3. 彩色水笔。

过程

1. 情景导入，教师提问。

小朋友们，你们都见过风爷爷吗？他是一个很古怪的老爷爷，高兴的时候他会轻轻地哼着歌，吹着微微的风，让人感到很愉快。不高兴的时候他就会张大嘴巴大声地吼，使劲地吹着大大的风，把尘土也一起卷到天空中。现在我们来一起学学风爷爷的声音吧！

2. 教师进行引导。

教师边说边做示范。

(1)看看我听到的风爷爷的声音是什么样子的。

(2)他心情好的时候我用彩色的线条轻轻地画，他心情不好的时候我用深色的线条重重地画。(示范旋转线条的画法，可以配合上不同的声音)

(3)小朋友，你们也用小画笔画画风爷爷的声音吧！你可以一边唱歌，一边画风爷爷高兴的样子，也可以学学他生气的样子，并画出来！

3. 教师进行指导。

(1)看看谁的风爷爷声音最好听？(用漂亮的颜色代表好听的声音)

(2)看看谁的风爷爷吹出的风力最大？(用深颜色表示风力的大小)

(3)看看谁的风爷爷吹的风最远？(长的线条表示距离的远近)

建议

1．活动前可以带着幼儿一起玩一个风的游戏：风大了(幼儿旋转着跑)，风小了(幼儿轻轻地跑)，风停了(幼儿慢慢地蹲下)。

2．为了让幼儿放开大胆地练习画线条，教师可以给幼儿提供充足的材料和空间，比如提供废旧的报纸，或让孩子在墙面上进行练习，大的空间更适合让孩子放开手脚。

9-1　吹画：吹出来的画

目标

1．能用不同的方法进行绘画创作。

2．能根据自己吹出的造型进行创意的添画。

准备

1．幼儿每人一本《学习美术准备》分册。

2．水、墨汁、水粉颜料、毛笔。

过程

1．情景导入，教师提问。

今天我们一起试着吹出一幅美丽的画，把稀稀的颜料随意滴在画面的任意地方，用嘴使劲地吹吹，看看会出现什么变化。再根据你的想象进行添画吧。

2．教师进行引导。

教师边说边做示范。

(1)我们先把调好的墨汁滴到纸上。

(2)用嘴使劲向着一个方向吹，看看能吹出几个枝杈。

(3)最后看看你吹出来的像个什么？

(4)等墨汁干后我们添画上你想象的内容，可以用墨汁，也可以用水粉。

3．教师进行指导。

(1)可以把墨汁滴在纸的任意地方。

(2)往哪个方向吹都可以。

(3)看看谁吹出的图案最有意思。

(4)根据吹出的形象进行添画。

建议

可以给幼儿提供吸管，更方便幼儿吹出更多的造型。

9-2　油水分离画：夜晚的村庄

目标

1. 能把自己生活的地方用简单的线条画出来。

2. 用油水分离的方法进行绘画。

准备

1. 幼儿每人一本《学习美术准备》分册。

2. 油画棒、水粉颜料、毛笔。

过程

1. 情景导入，教师提问。

村庄的夜景是什么样子呢？天空中闪亮的星星，小路上昏黄的灯光，小房子深色的身影……

2. 教师进行引导。

(1)我们先用油画棒把自己最熟悉的村庄画出来。

(2)村庄的房子都是什么样子的？墙是石头的还是砖头的？屋顶是平的还是尖的？

(3)村庄夜晚的星空也是最美的。

(4)还可以画上昏暗的灯光。

3. 教师进行指导。

(1)我们先用线条画出房子的轮廓。

(2)用短的线条画出夜晚的星空，和黄色的月亮。

(3)我们可以给房子涂上喜欢的颜色。

(4)最后用深色的水粉平涂画面，来衬托出星空。

建议

提醒幼儿村庄和星空都用浅颜色的笔，这样最后才能用深色的颜料衬托。

10-1　线条画：穿花衣的小螃蟹

目标

1. 通过欣赏，能大胆运用装饰线条装饰螃蟹。

2. 感受线造型的美。

准备

1. 幼儿每人一本《学习美术准备》分册。

2. 水彩笔。

过程

1. 游戏导入，教师提问。

小螃蟹爱臭美，穿件花衣合不拢嘴；折线、曲线、波浪线，装饰衣裳多好看；小朋友们比一比，看谁画的衣服最美丽！

2. 教师进行引导。

出示四幅不同装饰方法的螃蟹。

(1)这只小螃蟹穿了一件什么样的衣服？

(2)这样的装饰有什么不同？(只用了黑色线条)

(3)你认为这样装饰漂亮吗，为什么？(鼓励幼儿大胆表达自己的感受)

(4)现在就请小朋友来当设计师，把你的小螃蟹打扮得与众不同！(鼓励幼儿用自己喜欢的方法来装饰自己的小螃蟹)

3. 全班进行作品分享。

(1)谁来给我们介绍一下自己是怎么设计小螃蟹的花衣服的？

(2)哪个小螃蟹的花衣服最漂亮？

(3)你想把你的小螃蟹摆放在哪里？

建议

1. 可以让幼儿说说用这种方法还可以装饰哪些东西或动物。

2. 教师可以组织幼儿进行一系列的线的练习，以巩固幼儿的表现技法。

10-2　线条画：我给小鱼穿花衣

目标

1. 能用装饰线条对小鱼进行装饰。

2. 用彩色的线条作为底色衬托出黑色的小鱼。

准备

1. 幼儿每人一本《学习美术准备》分册。

2. 水彩笔。

过程

1. 情景导入，教师提问。

今天我们要用漂亮的线条来画一幅美丽的画，那是一群自由自在的小鱼，它们要用黑色的线给自己织出一件漂亮的衣服，小朋友们一起来帮帮它们吧。

2. 教师进行引导。

(1)我们现在纸上画出这群自由自在的小鱼，它们有大有小，快乐地游来游去。(引导幼儿画出大小方向不同的鱼)

(2)再用黑色的线条给它们画出不同的花纹，不同的线条组合在一起就是美丽的花纹。

(3)最后我们用彩色的泡泡画出背景，还有飘动的水草，这样小鱼游得更开心了。

3. 教师进行指导。

原来用黑色的线条和花纹画出的小鱼也这么好看啊，再画上彩色的泡泡，太漂亮了。记得用黑色的笔画出小鱼和它身上的花纹，用彩色的笔画出彩色的泡泡，这样的画面更有层次感哦。

建议

提醒幼儿线条的多种变化组合，让花纹更加丰富。

11-1　添画：妈妈和宝宝

目标

1. 能根据小动物的特征在圆形上进行添画。

2. 通过活动进一步感知大和小。

3. 感受妈妈和宝宝之间的亲情关系。

准备

1. 幼儿每人一本《学习美术准备》分册。

2. 水彩笔。

过程

1. 教师用做游戏的方法导入。

教师来做动物妈妈，幼儿做动物宝宝。当教师说到猫妈妈时，幼儿就要说猫宝宝；教师说鸡妈妈时，幼儿要说鸡宝宝，说的同时要加上相应的动作。还可以请动作比较快的幼儿来带着小朋友一起做。

2. 教师进行引导。

(1)看看我的纸上画的是什么图形？

(2)猜猜我可以把它们变成什么小动物？(引导幼儿大胆想象，当幼儿说出一种小动物时，教师可以直接在圆形上添画出幼儿说的小动物)

(3)妈妈要用大圆画还是小圆画，那宝宝用哪个圆形画呢？(引导幼儿知道妈妈要在大圆上添画，宝宝要在小圆上添画)

3. 教师进行指导。

先引导幼儿想一想不同动物各自的特征。如：小猫的耳朵尖尖的，嘴上有胡子；小兔的耳朵是长长的……

(1)现在你能和老师一起把这些不同大小的圆，都变成动物妈妈和它们的宝宝吗？

(2)看看你能变出多少种不同的小动物。(引导幼儿根据自己对小动物的认知，大胆进行添画)

建议

1. 可以在墙面布置一个小动物的家，请幼儿把添画好的小动物直接放到墙面上，也可以把材料投放到美工活动区，幼儿可以随时进行这个活动，并把自己的作品展示在墙面上。

2. 游戏可以在过渡环节和户外活动中使用，能培养幼儿的模仿和反应能力。

3. 还可以把大小的概念变成高矮、长短、胖瘦等词汇，让幼儿感知更多的反义词。

11-2 撕贴画：鸵鸟

目标

1. 能用撕纸粘贴的方式，做出鸵鸟的基本造型。

2. 能给画面设计简单的情节和背景。

准备

1. 彩色复印纸。

2. 幼儿每人一本《学习美术准备》分册。

3. 胶棒。

过程

1. 情景导入，教师提问。

长长的脖子长长的腿，跑起步来像阵风。家在沙漠不怕渴，是我们人类的好朋友。请小朋友猜猜这是什么动物？

2. 教师进行示范引导。

(1)教师：对！它就是鸵鸟。今天老师不用画的方法也能变出一只可爱的小鸵鸟，你们猜猜我是用什么方法呢？

(2)看我这里有很多的彩色复印纸，接下来我会做什么？(将各种颜色纸撕成小的纸条，再撕一大一小的圆形留做身体和头)

(3)现在我把这些圆形和纸条粘一粘，你们看看会变出什么？(由上到下有序地进行粘贴)

(4)现在你们也试试用这种方法变出一些鸵鸟吧，你想让你的鸵鸟干什么呢？

(5)鸵鸟有大有小，羽毛也有长有短，这样画面才会好看。

建议

1. 活动中教师要引导幼儿把握鸵鸟的外型特征。

2. 可以引导幼儿用自己喜欢的颜色进行撕贴制作。

3. 可以将材料投放到活动区，鼓励幼儿用这种方法制作出别的内容。

12-1　点彩画：树

目标

1. 简单掌握水粉画中点彩的基本方法。

2. 会用点彩的方法表现大树。

准备

1. 水粉纸。

2. 水粉笔。

3. 幼儿每人一本《学习美术准备》分册。

4. 可供欣赏的点彩作品。

过程

1. 情景导入，教师提问。

小朋友们有没有尝试过用许多的点来变出一幅美丽的图画呢？今天老师就和小朋友们一起来用点变出一棵美丽的大树。

2. 教师进行引导。

(1)我们以前用水彩笔和油画棒画过点，今天我们来看一看用水粉笔是怎么画点的。

(2)先把水粉笔蘸湿，然后蘸上浓浓的颜料，笔头在纸上按下，然后抬起，不要平拉，这样水粉画中的点就形成了。

(3)我们要用很多的点来组成一个面，但是为了让这个面看起来颜色丰富漂亮，点就要有一些颜色变化，可以有的深有的浅，但最好是同色系进行变化，这样画面看起来不会很脏。

(4)点和平涂的区别是点是可以留出空隙的，而平涂是没有空隙的。

3. 教师进行指导。

(1)点要有序地排列才好看，不要哪个方向的都有。

(2)颜色尽量由浅入深地变化，如果想从深色变成浅色，或从一色变成另一色，要把笔涮干净再蘸色。

建议

1. 在使用水粉进行点彩之前，可以先让幼儿用水彩笔或油画棒进行点彩的练习。由于点彩画比较费时间，所以给幼儿准备的纸张可以小一点，让幼儿能在短时间内完成作品，看到成果。

2. 活动后可引导幼儿用点彩的方法绘画其他的内容。

3. 可在班级环境中多给幼儿提供欣赏的机会，在区域或墙面上布置出各种点彩的作品，供幼儿欣赏借鉴。

12-2　线条画：好朋友

目标

1. 能画简单的人物。

2. 会对人物进行简单的装饰。

准备

1. 幼儿每人一本《学习美术准备》分册。

2. 彩色水笔。

过程

1. 情景导入，教师提问。

我们每个人都会有自己的好朋友，那你们的好朋友都是谁呢？（请幼儿说说自己的好朋友）

2. 教师进行引导。

（1）你的好朋友都是谁？

（2）他们都长什么样子？（如：高矮、胖瘦、发型、眼睛、脸型等）

（3）看看这几个小朋友他们有什么不一样？（引导幼儿初步观察男孩和女孩的不同，服装、头发等最基本的相貌特征）

3. 教师进行引导。

（1）因为我们的好朋友很多，所以今天我们要用一张很长的纸来把他们都画进去。（简单介绍长形纸的用法）

（2）请小朋友们把自己的好朋友都画出来，我们看看谁的好朋友最多，看看谁和好朋友在一起的时候最开心。

（3）别忘了给你和好朋友都画上漂亮的衣服。（引导幼儿用简单的线条装饰服装）

建议

1. 活动前可以和幼儿一起玩音乐游戏“找朋友”，并准备音乐磁带或光盘。

2. 可以根据活动的重点不同来给活动命名，如：“我们一起来照相”可以把装饰作为活动重点；“我们真高兴”是以幼儿的情绪作为活动重点；“我们来跳舞”是以人物的简单动态作为活动重点等，通过不同的题目让幼儿更有主题地进行表现和表达。

13-1　线条画：稻草人

目标

1. 能画出各种可爱的稻草人。

2. 能在各种封闭的形状里画直线。

3. 会添画简单的背景，使画面更丰富。

准备

1. 幼儿每人一本《学习美术准备》分册。

2. 彩色复印纸。

过程

1. 情景导入，教师提问。

小朋友们我们来猜个谜语：像人不是人，不怕日晒和雨打，农民伯伯需要它，看守庄稼保丰收。

2. 教师进行引导。

(1)你见过的或是你想象中的稻草人是什么样子的呢？(可以准备一张大纸，请幼儿到前面把自己想象中的稻草人画出来)

(2)稻草人是怎么帮助农民伯伯看守庄稼的呢？

(3)你想把你的稻草人装饰成什么样子呢？

3. 教师进行指导。

(1)稻草人最怕晒，所以我们先给他准备一顶大帽子。”(提醒幼儿要把帽子画在纸的上方，给身体留出位置。启发幼儿设计出各种形状不同的帽子)

(2)在帽子下面画出稻草人的脸和身体。”(引导幼儿尽量将画面充满)

(3)现在可以选择你喜欢的线条来装饰你的稻草人了。”(引导幼儿用已掌握的线条，如：折线、曲线、波浪线、直线等简单线条进行装饰)

(4)最后别忘了在它的周围画上稻穗，稻穗有高有矮，这样画面才会好看。

建议

1. 活动可以根据幼儿的绘画水平准备不同难度的内容，强一点的幼儿完全可以独立绘画，弱一点的幼儿教师可以帮助画出外轮廓，幼儿自己进行线条的添画。

2. 还可以用剪纸撕贴的形式来表现稻草人。

13-2　写生：莲蓬

目标

1. 学会照着实物进行写生。

2. 能表现出莲蓬的基本造型。

3. 喜欢进行写生活动。

准备

1. 幼儿每人一本《学习美术准备》分册。

2. 彩色复印纸、水彩笔

过程

1. 情景导入，教师提问。

已是深秋，荷塘的荷叶都已枯萎，本来嫩嫩的莲蓬也变得焦黄并耷拉了脑袋。但是细细地观察，你会发现衰败的莲蓬也有另外的一种美，我们可以用画笔记录下它生命最后的样子。

2. 教师进行引导。

(1)请你仔细观察，干枯的莲蓬是什么样子的。

(2)它的秆子有多粗多长，上面有什么细节？

(3)莲蓬是什么形状，上面有什么？你发现哪些细节？

3. 教师进行指导。

(1)要把莲蓬的整体形象表现出来：细细的脖子，大大的头。

(2)注意观察细节，并细心地表现出来。(引导幼儿尽量将画面充满)

(3)可以给莲蓬设计一个好看的花瓶放进去。

建议

1. 活动前可以让幼儿欣赏一些有关荷塘和莲蓬的作品，感受画家的表现方法。

2. 可以把莲蓬投放在美工区，供幼儿平时观赏写生。

14-1　线条画：灰姑娘的城堡

目标

1. 能画出各种造型的城堡。

2. 尝试用各种线条装饰城堡。

准备

1. 水彩笔、城堡的图片。

2. 幼儿每人一本《学习美术准备》分册。

过程

1. 教师自编故事作情景导入。

咕噜国的国王在招募设计师，他要设计师做什么呢？原来他最小的女儿要出嫁了，所以他想送给小女儿一个礼物，那就是一座城堡。这座城堡要非常的与众不同，有旋转的楼梯，有很大的露台，还要有连接两座城堡的天梯，并且要有独特造型的门和窗。很多设计师听到这个消息都很振奋，他们也相继来到国王这里展示自己的设计图。可惜的是没有一张图纸被国王和他的小女儿选中，小女儿结婚的日子一天天临近了，可是还是没有一张好的图纸展现在他的眼前，国王都快急出病了。不过国王听说我们小朋友都很会画画，所以想请大家来给他帮帮这个忙，那你们想不想帮助小公主设计一座漂亮的城堡呢？

2. 教师进行引导。

(1)为了能让你们设计出好看的城堡，老师也给你们带来了很多城堡的样子供大家参考。(出示图片)

(2)城堡和普通的房子有什么区别呢？(顶部的造型比较奇特，有尖有圆、有高有低，而且都是高高瘦瘦的。尽量引导幼儿自己发现更多的特点)

(3)教师可以根据城堡的特点有针对性地进行提问。比如门和窗户都是什么样子的，怎么样能表现出旋转楼梯等。

3. 教师进行指导。

(1)城堡要画得大一些，才能显示出它的壮观。

(2)每一座城堡要有变化，这样放在一起才不会显得单调。

(3)小公主喜欢漂亮的城堡，所以最后我们要用漂亮的线条对城堡进行装饰。也可以装饰局部，比如门、窗、露台、城堡的顶部。

建议

1. 画完后可以请幼儿把作品粘贴在一面墙上，大家可以进行投票选举，票数最多的幼儿就可以成为优秀的设计师，以此来鼓励有创意的幼儿。

2. 还可以引导用各种纸盒制作出各种不同造型的城堡。

14-2　绘画：仙人掌

目标

1. 撕贴添画，掌握仙人掌的基本外形特征。

2. 用点和线丰富画面。

准备

1. 幼儿每人一本《学习美术准备》分册。

2. 彩色复印纸、水彩笔。

3. 仙人掌的图片。

过程

1. 情景导入，教师提问。

有一种植物，它不怕渴，不怕热，生活在沙漠里，身上长满了尖尖刺，小朋友们知道它是什么植物吗？

2. 教师进行引导。

(1)仙人掌的身体像什么？(大手掌上面长着小手掌)

(2)它身上的刺是怎么样的，有什么特点？(满身长满刺，又短又尖)

(3)我们可以用纸撕出仙人掌的身体，然后再给它画上尖尖的刺。

3. 教师进行指导。

(1)注意仙人掌的身体有大有小，下面要大一些，上面小一些，这样它才能站稳当。

(2)最后我们画上一层一层的沙丘，用小小的点画出细细的沙子，这样更像沙漠了。(引导幼儿尽量将画面充满)

建议

如果班里有仙人掌，可以让幼儿近距离进行观察，更直观地感受它的外形特征。

15-1　棉签画：下雪了

目标

1. 尝试用不同的工具进行绘画。

2. 会用棉签在纸上点画出雪花。

准备

1. 油画棒。

2. 棉签、水粉颜料。

3. 毛巾。

4. 幼儿每人一本《学习美术准备》分册。

过程

1. 情景导入，教师提问。

小雪花轻轻地从天空中飘落下来，一片、两片、三片……落到树上、屋顶上、地上，像盖了一层厚厚的棉被。用手接住它洁白、轻盈的小身体，凉凉的、薄薄的……

2. 教师进行引导。

(1)看看我的小雪花它要飘到什么地方呢？哦！是树林里！(边说边在纸的下方添画上小树)

(2)小雪花看到小树林很高兴，它们说：就落到这里吧，这里有这么多的小树可以做伴！(示范用棉签蘸上白色水粉颜料，轻轻地点到纸上，可以点大雪花，也可以点小雪花)

(3)小雪花越聚越多，最后满天都飘满了雪花。

3. 教师进行指导。

(1)你想让小雪花飘到哪里呢？(引导幼儿画出与教师不同的内容，在纸的下方画出不同的场景)

(2)看看谁的小雪花飘得多。

建议

1. 画的背景可以用剪贴或撕贴的方式来完成，也可以根据幼儿的能力，教师准备好各种图案，让幼儿选择自己喜欢的内容进行粘贴。能力强的幼儿就可以自己完成全过程。

2. 第一次用水粉进行绘画，所以教师要在活动时讲清要求，以免幼儿操作中出现不必要的麻烦。

3. 此活动可以在下雪后进行，幼儿感受更具体，效果会更好。

15-2　绘画：猫头鹰

目标

1. 掌握猫头鹰的外形特征，并生动形象地进行表现。

2. 能用鲜艳的颜色进行装饰。

准备

1. 油画棒。

2. 幼儿每人一本《学习美术准备》分册。

过程

1. 情景导入，教师提问。

有种动物有点像猫又有点像鹰，喜欢在夜里出来活动，小朋友知道它是什么动物吗？

2. 教师进行引导。

(1)先用浅色油画棒画出猫头鹰的轮廓，注意要尽量充满画面，然后添加你喜欢的背景。

(2)由于纸是深色的，所以我们尽量选择一些鲜艳的颜色来涂猫头鹰，如果你想让自己的画面更漂亮，也可以把背景也涂上颜色。(提醒幼儿注意主体与背景的深浅搭配)

建议

1. 可以引导幼儿想象还有什么材料可以画画，体验绘画的多种可能性和无限创造性，并和幼儿一起准备这些材料，大胆尝试作画。

2. 可以给那些有创意的幼儿设立一些小的奖项，并组织小型的画展，以启发其他幼儿开阔思路。

16-1　绘画：帆船比赛

目标

1. 用圆连接出有动态的毛毛虫。

2. 能画出各种表情的毛毛虫。

准备

1. 幼儿每人一本《学习美术准备》分册。

2. 油画棒、水彩笔。

过程

1. 情景导入，教师提问。

小小帆船真神奇，帆儿像对小翅膀。顶着风儿迎着浪，你追我赶争第一。

今天我们要举行一个帆船比赛，谁能说说帆船是靠什么前进的？

要想让自己的帆船跑得快，船帆就要大一些。

2. 教师进行引导。

(1)我们可以先画出船身，它像弯弯的月牙。

(2)再画出一对像翅膀一样的船帆。(可以先画出中间的桅杆，再在两边画上船帆。尽量让幼儿把桅杆画得高一些，这样船帆才能画大)

(3)最后我们添加上有动感的波浪。(也可以用点来装饰背景)

3. 教师进行指导。

(1)如果你想让你的小帆船与众不同，还可以给它装饰上好看的花纹。(引导幼儿用简单的线条和鲜艳的色彩进行装饰)

(2)如果你想让自己的帆船跑得最快，就要把它画得大一些，而那些离你很远的帆船，就要画得小一些。(间接地引导幼儿表现画面的层次感)

建议

1. 此活动也可以设计为撕纸添画或剪纸添画。

2. 还可以引导幼儿利用废旧物品制作各种各样的帆船。

3. 可以利用多媒体让幼儿欣赏精彩的帆船比赛，增加幼儿的感性认识。

16-2　油水分离画：节日的礼花

目标

1. 尝试运用油水分离的方法进行绘画。

2. 会用油画棒表现各种礼花。

准备

1. 幼儿每人一本《学习美术准备》分册。

2. 油画棒。

3. 深色水粉颜料。

4. 水粉笔。

过程

1. 情景导入，教师提问。

小朋友们都看到过节日的礼花吧？它们有的像盛开的花朵，有的像满天的繁星。现在我们就用手中的画笔把这美丽的时刻记录下来吧！

2. 教师进行引导。

(1)示范不同礼花的画法，提示幼儿尽量选择鲜艳的颜色，不适宜用较深的颜色。

(2)怎么才能衬托出这些漂亮的礼花呢？现在我们就来尝试一种新的画法，叫作油水分离法。(教师用深色的水粉颜料将画面涂满，油画棒画的地方会自然显露出来)

(3)现在也请小朋友们来试试这有意思的画法吧！

3. 教师进行指导。

(1)礼花的种类尽量多一些，这样天空才会显得更漂亮。

(2)在礼花的下面你可以添画楼房、大树、看礼花的人，使画面更丰富。

(3)涂抹水粉的时候要均匀，水不宜过多。

建议

1. 这种方法使用于比较复杂的画面，减少由于涂背景色给幼儿带来的负担。

2. 如果幼儿掌握不好涂抹的方法，教师可以帮助他们完成作品。

前书写练习

幼儿阶段，他们的手指、手腕的肌肉、韧带和骨骼都还没有发育完善，手对笔的控制能力也比较差，因此，我们不主张让幼儿写字。

绘画和写字相比，虽然有一个共同点，即它们都是人用手拿着笔在纸上行走，并在纸上留下痕迹的过程。但是，和写字相比，绘画的线条是自由而开放的，它对线条的形态、长度、方向都没有规定，幼儿可以大手笔、随心所欲地画。这样笔在纸上自由行走的过程符合幼儿控笔不能精准的特点。同时，这样的绘画活动对幼儿控制笔的能力有一定锻炼作用。

怎样引导幼儿在上小学前在写字方面做一些能力方面的准备呢？让幼儿从最初的随意画画，到有意识地学习控制线条的方向和长短，进而逐渐过渡到写字，即进行前书写练习。

前书写一词是个舶来品，它是在英语单词“书写”(writing)的前边增加一个表示“前”的前缀(pre)，形成了一个新的词汇：“前书写”(pre-writing)，其含义是“正式书写活动之前的准书写活动”。2001 年 7 月，教育部颁布的《幼儿园教育指导纲要(试行)》中语言领域的“内容与要求”第六条明确提出：“培养前阅读和前书写技能。”

我们在本书中设计的前书写活动内容是把拼音字母、数字、汉字的笔画拆开，形成特殊的形象，这种形象表面看起来是一种简单的图画，但是因为其中包含着拼音字母、数字、汉字的笔画，所以当幼儿在按照笔画的大小、行笔的方向等要求画这些特殊图画的时候，实际上已经在练习字母、数字或汉字的笔画，而这一能力有利于幼儿上小学后迁移到写字活动中去。如第一课：为小兔子画围栏，那一个个“｜”，就是数字1，也是拼音字母l；第七课中小猫睡觉的呼噜声，就是字母“z”的形状；第十一课中枕头的花边，就是字母“m”的形状。

相信幼儿在这些前书写练习中手对笔的控制能力会获得提高，为写字活动打下基础。

教师如果认为书中的练习量不够，可以事先复印画面备用，以达到让幼儿多多练习的目的。